대담 | 미래를 위한 선택

지구의 운명
평화로 가는 길

이리나 보코바 · 조인원 외

대담 | 미래를 위한 선택

지구의 운명 평화로 가는 길

Unfolding Stories of Earth: A Hope for our Fortuna

경희대학교 출판문화원

미래세대의 삶의 철학을 위하여

대자연은 지구의 모든 생명을 품어왔다.
그 위대한 역사는 오늘도 진행 중이다.
지구의 역사와 함께해온 인간은 경이로운 생명체다.
태어나서 세상과 만나고 또 작별하는 가운데 인류는
인간 특유의 역사를 지구에 새겨왔다.
그런 지 수백만 년, 한없이 우리를 품어준 지구는
이전과 전혀 다른 '거친 행성'으로 그 모습을 드러낸다.
유한한 지구에서 무한 욕망과 성장의 문명을 꿈꿔온 인류.
우리는 또 다른 생존의 길,
번영의 길을 찾아나서야 할 '큰 전환의 시대'를 맞고 있다.

지구 온도가 2도 이상 상승하면 아마존 밀림이 붕괴하고, 우리 인류의 손으로 막을 수 없는 연쇄반응이 일어난다. 온난화와 기후변화가 가져올 지구적 위협을 막기 위한 의식 전환이 필요하다. (위 사진)

기후변화가 불러온 가장 주목할 만한 환경위기는 빙하가 녹고, 이로 인해 발생하는 재앙이다. 인간이 지구 생태계를 파괴하는 주역이 된, 이른바 인류세(人類世)의 위험을 인식하지 못하면 그 결과는 인류의 파멸이다.(왼쪽 사진)

미래세대의 미래를 파괴하는 상황이 지구촌 도처에서 벌어지고 있다. 힘의 논리와 개발지상주의에 의해 무력하게 밀려나는 사람들이 늘어난다. 지속가능한 평화를 위한 지구적 차원의 새 정치와 시민 행동이 절실하다.

한반도가 '평화를 향한 발걸음'을 떼고 있다. 남과 북, 북한과 미국이 관계 정상화를 위한 절차를 밟고 있다. 이런 노력은 동아시아의 미래를 변화시킬 것이다.

우주에서 바라본 지구의 야경은 황홀하다. 마치 밤하늘의 은하수와 같다. 그러나 이 아름다움의 역설은 지구적 재앙의 가능성이다. 이 땅 위의 도시와 소비, 산업문명이 팽창하면 할수록 우리 삶의 터전인 대기와 환경은 나날이 황폐해진다. 이 역설을 어떻게 풀어가야 할 것인가.(다큐멘터리 'Man Made Planet: Earth From Space' 화면 캡처)

펴내며

이 책은 지난 2018년 6월 7일, 경희대학교 조인원 총장과 유네스코 사무총장을 역임한 이리나 보코바 후마니타스칼리지 명예대학장이 나눈 대화를 수록한 것이다. 경희대 김민웅 교수의 사회로 진행된 이 대담은 기후변화에 따른 지구적 위기, 세계 곳곳에서 벌어지는 긴장과 갈등, 한반도 평화와 유라시아 문명벨트, 새롭게 다가서는 미래를 위한 교육과 정치, 세계시민의식을 주제로 삼았다.

이번 대담과 토론의 핵심은 '전환 설계'다. 위기와 기회가 공존하는 지구적 현실에서 지속가능한 평화와 번영의 미래를 위해 누가, 무엇을, 어떻게 할 것인지, 그 해법을 찾고 있다. 경희대는 앞으로도 지구와 인류의 난제 해결을 위해 '실천지성과의 대담'을 다양한 방식으로 추진할 예정이다. 책 출간에 도움을 준 이영준, 김민웅, 신은희, 이문재, 권기붕, 안병진, 정진영, 우기동 교수님, 그리고 커뮤니케이션센터 박세환 과장님과 관계자 여러분, 그리고 인류사회재건연구원 김종옥 연구원께 깊이 감사드린다.

대담자 프로필

조인원Inwon Choue

경희대학교 제15대 총장. '삶과 정치의 미학적 공간'을 탐구해온 정치학자다. 이성과 감성, 인간과 제도, 이상과 현실의 창조적 결합을 통해 이념적 대립과 갈등이 만연한 '현실정치(Real Politik)'를 재구성하고자 한다. 학자 겸 실천가로서 정부, 시민사회, 국제기구에 의견을 제시해왔다. 대통령직인수위원회 국정지표심의위원회 전문위원(1997), 서울 NGO 세계대회 삼자 공동추진위원회 한국대표(1999), 세계시민포럼(WCF) 의장(2009) 등을 역임했다. 저서로 〈국가와 선택〉 〈포월의 초대: 탈권위, 탈현대의 새로운 정치담론을 찾아서〉 〈문명충돌 현장을 가다〉 〈정치의 미래, 그 이상향을 탐색하다〉 〈정치와 정치 그리고 정치〉 〈내 안의 미래〉 등이 있다. 1988년 미국 펜실베이니아대학교(University of Pennsylvania)에서 "산업 재편의 정치학"(Politics of Industrial Restructuring)이란 학위논문으로 박사학위를 취득했다.

이리나 보코바Irina Georgieva Bokova

경희대학교 미원석좌교수 겸 후마니타스칼리지 명예대학장. 불가리아 출신 외교관, 정치인, 행정가, 정책가로 유네스코(UNESCO) 사무총장을 역임했다(2009~2017). 1977년 불가리아 외무부 서기관을 시작으로 불가리아 외무부 장관, 유럽정책포럼 의장, 유네스코 집행이사회 불가리아 대표를 맡았다. 여성 최초의 유네스코 사무총장인 보코바 전 사무총장은 "전쟁은 인간의 마음에서 비롯된다" "인간의 마음에 평화의 방벽을 세워야 한다"는 유네스코 헌장을 실현하기 위해, 급격한 세계화가 파생시킨 '획일화와 배제' 문제에 큰 관심을 기울여왔다. 이를 개선하기 위해 '문화적 다양성'과 '문명 간 대화'를 우선순위에 놓는 한편 '현장에서의 변화'를 강조, 지구적 난제 해결에 헌신해왔다. 2018년부터 경희대학교와 함께 지구적 차원의 학술과 실천의 결합을 이뤄내는 역할을 수행하고 있다.

목차

1부

기후변화, 위기의 본질

이영준 학장　우리는 지금 제4차 산업혁명의 미래를 꿈꾸는 시대에 살고 있습니다. 이와 함께 기후변화라는 지구적 재앙과 마주하고 있습니다. 이는 지난 시기 인류가 선택해온 산업문명의 결과입니다. 인류와 문명이 기로에 서 있습니다. 그러나 이러한 현실 속에서도 한반도에는 평화의 조짐이 일고 있습니다. 남북 관계에 희망의 바람이 불고 있기 때문입니다.

미래란 어떤 것인가, 미래는 어떠해야 하는가를 생각해야 할 때입니다. 우리 학생들에게, 그리고 험난한 이 시대를 살아가는 우리 모두에게 새로운 시대적 과제가 놓여 있습니다. 오늘 이 자리에 조인원 총장님과 유네스코 사무총장을 역임하신 이리나 보코바 후마니타스칼리지 명예대학장님을 모셨습니다. 두 분께서는 "지구의 운명: 평화로 가는 길"을 주제로 대담을 나누시겠습니다. 대담 사회는 후마니타스칼리지에서 문명론을 강의하고 계시는 김민웅 교수님께서 맡아주셨습니다.

김민웅 교수 여러분 반갑습니다. 오늘날 우리 지구는 여러 가지 재앙을 맞고 있습니다. 그러나 재앙에 대한 현실 인식은 여전히 약하고 이에 대한 대응 역시 부족한 편입니다. 뿐만 아니라 지구촌 여러 지역에서는 분쟁도 끊이지 않고 있습니다. 이런 문제를 다뤄나가면서 한반도의 현실과 미래에 대해 함께 이야기를 나눠보도록 하겠습니다.

먼저 나누고 싶은 이야기 주제는 기후변화입니다. 우리가 오늘 논의하게 될 기후변화는 자연재해가 아니라 인간이 만들어낸 재앙이라 할 수 있습니다. 인간이 살아가기 위해 필요한 조건을 만드는 과정에서 일어난 환경 변화가 역설적으로 인류에게 큰 위협이 되고 있습니다. 그런데 우리는 이 문제에 대해 그다지 민감하지 못합니다. 우리가 위기를 인식하지 못하는 것이야말로 위기의 본질이 아닐까 생각합니다. 왜 이런 현상이 일어나고 있을까요? 이에 대한 이야기부터 시작하고자 합니다. 먼저 이리나 보코바 대학장님, 그 다음에 조인원 총장님 순으로 말씀을 들어보겠습니다.

이리나 보코바 대학장 이렇게 중요한 논의에 초대해주셔서 대단히 감사합니다. 그렇지 않아도 먼저 말씀드리고 싶은 것이 기후변화입니다. 이 문제는 우리가 지금 겪고 있는 지구촌의 여러 위협 가운데 아마도 가장 심각한 문제가 아닌가 생각합니다. 평화, 안전, 일상생활과 같은 우리가 지향하는 모든 것은 물론 지구상의 모든 생명체에 대한 위협이라 할 수 있습니다. 인간의 활동으로 인해 우리 인간의 생존 여부를 가늠할 길이 없게 된 최초의 사태가 아닌가 합니다.

왜 이런 일들이 벌어지는지, 입증할 수 있는 과학적 증거는 너무나 많습니다. 과학 분야 전문가들이 모인 국제회의에서는 인간의 활동으로 배출되는 이산화탄소가 어떤 사태로 귀결될 것인지 밝히고 있습니다. 아시다시피 지난 2015년 파리기후협정[1]이란 거대한 규모의 정치적 움직임도 있었습니다. 이제 기후변화 문제는 과학의 관점에서나 정치의 관점에서나 어떤 변명도 통하지 않는 상태가 됐다고 봅니다.

우리가 해야 할 것은 파리기후협정에서 정리한 내용을 행동으로 옮기는 일입니다. 파리기후협정이 법률적 구속력이 있는 것은 아니지만, 그 정치적-윤리적 책임의 문제가 공유돼야 할 것입니다. 이를 위해 더 깊은 논의를 할 수 있는 시간이 많아

---

1 2015년 12월 12일 파리에서 열린 21차 UN 기후변화협약 당사국총회(COP21) 본회의에서 195개 당사국이 채택한 협정으로, 버락 오바마 전 미국 대통령 주도로 체결됐다. 지구 평균온도 상승폭을 산업화 이전 수준 대비 2℃ 이내로 제한하기 위해 온실가스 배출량을 단계적으로 감축하는 내용을 담고 있다. 2017년 6월 1일, 도널드 트럼프 미국 대통령이 파리협정 탈퇴를 선언, 8월4일 탈퇴를 공식 통보하면서 파리협정 자체가 유명무실해질 수 있다는 우려가 나오고 있다.

무엇이 위기인가: 위기가 진행되고 있는데 정작 그것을 인식하지 못하는 것이 위기의 본질이다. 인류의 안전과 지속가능성을 도모하는 '선택'과 '실천'은 위기에 대한 인식에서 시작된다. 우리 인류의 공동 인식과 대처가 필요하다.

지길 바랍니다. 우리 사회 전반에 걸친 여러 영역에서 이 문제에 대한 논의에 참여해야 한다고 봅니다. 정치권, 정부, 시민사회, 과학계, 그리고 학계는 물론이고 기업도 여기에 관심을 가지고 함께 움직여야 합니다.

이는 단지 정부 차원의 문제가 아니라 사회 전체의 문제입니다. 모두가 운명 공동체로서 한배를 타고 있습니다. 그렇지 않아도 요즘 세계정치 전문가들 사이에서 'G-zero'[2]라는 말이 나

---

2 G2(주요 2개국, 미국 · 중국)나 G7(미국, 일본, 영국, 프랑스, 독일, 이탈리아, 캐나다) 등 국제사회를 주도하는 강력한 리더가 없는 상태를 뜻하는 용어로, 2011년 세계경제포럼에서 이언 브레머 유라시아그룹 회장이 처음 사용했다. 보고서에 따르면 G-제로 시대는 새로운 형태의 글로벌 불확실성이 커지

이리나 보코바 명예 대학장: "지금 우리가 해야 할 것은 파리기후협정에서 정리한 내용을 행동으로 옮기는 일입니다. 우리는 운명 공동체로서 한배를 타고 있습니다."

오고 있습니다. 지구적 리더십이 공백 상태라는 뜻입니다. 그래서 더욱 이러한 시대의 위기를 극복해 나가는 우리 모두의 노력이 절실해지고 있습니다.

김민웅 교수 '기후변화 문제가 대단히 심각하다. 이에 대한 문제 제기는 이미 충분하고 해결의 구조도 일정하게 마련됐다. 기후변화는 우리 사회 전체의 생존이 걸린 문제다. 그러니 모든 영역에서 함께 풀어나갈 수 있도록 해야 되지 않겠는가.' 이런 요지의 말씀인 것 같습니다. 총장님께 마이크를 넘기겠습니다.

조인원 총장 기후변화는 워낙 큰 문제입니다. 보코바 대학장님께서 말씀하셨듯이 과학과 정치 그리고 정부와 기업, 대학, 시민사회 모두가 함께 고민하고 대처해가야 하는 이 시대의

고 우발적 충돌이 발생할 가능성이 높다는 뜻이다.

과제입니다. 문제가 너무 크고 위중해서일까요? 역설적이게도 우리의 관심은 사회자께서 말씀하셨듯이 상대적으로 적어 보입니다. 무언가 일상에서 멀리 떨어져 있는 일이라 해야 할까요? 그렇게 받아들여지는 것 같습니다.

'산업문명'이 자초한 '얼음 없는 북극'

우리가 겪는 일상을 한번 들여다보았으면 합니다. 지난 6월 초 이틀 동안 서울의 기온이 32도까지 올라갔습니다. 창녕은 38도까지 올라갔습니다. 이런 상황은 저희 세대가 대학에 다닐 때 경험하지 못한 일입니다. 재작년엔 어느 지방이 39도까지 올라갔던 것으로 기억합니다. 그리고 꽤 오랜 기간 동안 이런 고온 현상이 이어지고 있습니다. 여름철 폭염 기간도 매우 길어졌습니다. 계절이 예전에 비해 크게 달라졌습니다. 또 눈을 돌려보면 중동, 아프리카, 동남아, 유럽, 그리고 최근엔 북미에 이르기까지 북반구 여름철 최고 기온이 30~40도에 이릅니다. 또 장소에 따라선 40~50도를 오르내리는 경우도 있습니다. 올해는 전문가들의 견해에 따르면 예년에 비해 더 심해질 것이라고 합니다. 여름철 혹서와 이에 따른 홍수, 가뭄, 산불, 전례 없는 강도의 토네이도, 허리케인, 태풍과 같은 기상이변이 지구촌에 큰 영향을 줄 것이라고 합니다.

이 같은 추세는 기후학자들의 분석처럼 그 강도를 점차 더해

갑니다. 그러나 이상 기온과 온난화가 점차 일상이 되다 보니 우리는 위기감을 잘 느끼지 못하는 것 같습니다. '뉴 노멀(new normal)[3]의 일상화'라 해야 할지, 이전엔 정상으로 전혀 생각하지 않았던 상태가 마치 정상처럼 받아들여지는 것 같습니다.

김민웅 교수 우리는 일상생활에서 매일매일 날씨에 민감한 반응을 보입니다만, 정작 지구 전체에서 지속되고 있는 기후변화에 대해서는 무감각한 태도를 갖고 있는 것 같습니다. 참 모순된 상황이지요? 지구의 역사를 보면 '기후의 대격변'이 수차례 있었습니다. 생명체의 멸종과 새로운 종의 탄생은 대격변과 함께 이어져온 현상입니다. 이것이 지구의 역사에서 되풀이돼왔다면, 우리 힘으로 조정할 수 없는 자연의 순환으로 이해할 수도 있을 것입니다. 그렇게 대격변과 위기에도 지구의 역사는 이어져왔습니다. 그런 점에서 우리가 기후변화 문제를 너무 강조하고 있는 것은 아닐까요? 한편에선 과잉 반응이라는 시각도 있습니다.

조인원 총장 그렇지 않아도 그 점에 대해 말씀드리려고 했습니다. 지구에 생명체가 출현한 후 다섯 번의 대멸종(mass

---

3 2008년 미국의 금융 위기 이후 생겨난 말로, 이전에는 정상이라고 여겨지지 않았던 상태가 일상의 상식처럼 된 현실을 의미한다. '뉴 노멀'은 이후 경제만이 아니라 다양한 각 분야에서 쓰이고 있다.

extinction)[4]이 있었다고 합니다. 횟수뿐 아니라 그 범위도 놀랍습니다. 고생대 맨 마지막 시기엔 지구 생명체 97%가 멸종했습니다. 가장 최근 공룡이 멸종한 경우를 제외하곤 4차례 모두 지구의 기온 상승에 따른 기후변화가 원인으로 알려져 있습니다. 이런 지구의 역사를 살펴보면 기후변화는 어떻게 손쓸 수 없는 사태라고도 생각할 수 있습니다.

그러나 지금 우리가 겪는 기후변화의 위기는 성격이 다릅니다. 인간의 문명 활동이 자초한 인위적인 변화라는 것이 과학자들의 견해입니다. 화석연료를 '주 엔진'으로 급팽창한 이른바 '산업문명' '탄소문명'이 그 주원인으로 지적됩니다.

200~300여 년 전 유럽에서 발흥한 산업혁명과 함께 인류는 그간 많은 화석연료를 사용해왔습니다. 우리가 늘 타고 다니는 자동차, 선박, 항공기와 같은 '꿈의 기술 세계'가 펼쳐졌습니다. 소비생활도 급신장했습니다. 굳이 수나 말로 표현하지 않더라도 그 규모는 산업화 이전 시기에 비해 실로 엄청납니다. 문제는 이 '풍요의 시대' '성장의 시대' '팽창의 시대'가 동력

4 지구의 생명체가 70% 이상 완전히 죽는 대멸종은 4억 4천만 년 전부터 6,500만 년 전까지 5차례 일어났다고 알려져 있다. 가장 최근이라고 할 수 있는 6,500만 년 전 중생대 백악기말의 제5차 멸종에는 공룡의 멸종이 포함된다. 앞으로 다가올 수 있는 6차 대멸종은 자연의 돌연한 변화나 운석과의 충돌 같은 원인이 아니라 인간이 만든 문명의 결과라는 점에서 가장 큰 차이가 있다. 페스트가 14세기 중반에 유럽인구의 3분의 1을 사망시켰다면, 6차 대멸종은 인류 자체의 멸종을 예고하고 있다.

으로 삼았던 석유, 석탄, 가스 연료입니다. 문명 번성과 함께 화석연료 채굴과 소비가 급팽창했습니다. 이에 따라 대기 중 이산화탄소 농도도 엄청난 속도로 늘어났습니다. 화석연료는 아시는 것처럼 지구 온난화를 초래하는 온실가스의 주원인입니다. 지구를 덥히는 '담요' 역할을 합니다.

기후변화는 '지구 행성의 안위 문제'

언젠가 경각심을 불러일으키는 자료를 접한 적이 있습니다. 산업화 이전과 이후 시기의 대기 중 이산화탄소량을 그래프로 옮긴 자료입니다. 최근 수백, 수천 년간의 변화 추세가 마치 하키 스틱과 같은 모양을 하고 있다 해서 '하키 스틱 그래프'라고도 불립니다. 그리고 이 그래프의 심각성은 대기 중 탄소 농도가 기하급수적으로 늘어나 지구 온난화와 이에 따른 동식물 서식지, 인류의 농경지가 심하게 훼손되고 있다는 점입니다.

최근 해양물리학자와 기후과학자들은 또 다른 가공할 위협에 주목합니다. 지구 기온 상승에 따라 극지방 빙권(cryosphere)이 빠른 속도로 축소되고 있다고 합니다. 수년 내 여름 기간 동안 '얼음 없는 북극'을 보게 될지도 모른다는 연구 결과가 줄을 잇고 있습니다.[5]

---

5 영국 캠브리지 대학의 세계적인 해양물리학자이자 기후학자인 피터 와담

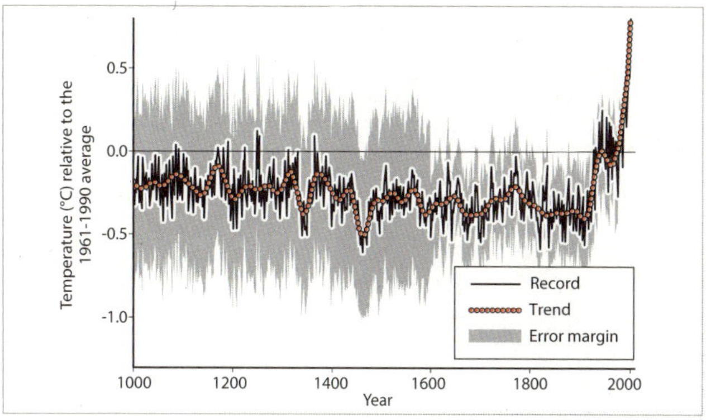

지난 1,500년간 지구의 기후변화 추세를 분석한 그래프. 기후학자 마이클 만(Michael Mann)이 작성한 것으로, 기후변화가 20세기 들어 하키 스틱처럼 가파르게 꺾이는 현상을 보여준다. 지구적 위기에 대한 분명한 증거 중 하나다.

이 말이 함축하는 것은 실로 위협적입니다. 극지방, 특히 북극과 북극해 영구동토층(permafrost)엔 수조 톤의 메탄이 매장돼있다고 합니다. 이산화탄소에 비하면 메탄은 100년을 기준으론 30여 배, 10년을 기준으론 수백 배의 온실가스 효과를 갖습니다. 그 메탄이 이미 기포 형태로 북극에서 분출되기 시작했다고 합니다.

스(Peter Wadhams)는 이런 현상을 지목하면서 〈A Farewell to Ice〉라는 저서를 냈다. 그는 빙하가 녹는 현실에 대해, 인류는 이제 광부들이 지하의 유독 가스가 샐 때 위기를 알리기 위해 데려가는 카나리아 새("canary in the mine" 유독 가스가 새면 인간보다 먼저 숨을 거둔다)의 처지가 되고 있다고 경고한다.

조인원 총장: "기후변화의 문제를 심각하게 다루는 것은 결코 과잉 반응이 아닙니다. 오히려 때늦은 감이 있습니다."

지구 평균 기온보다 두 세 배 빠른 상승률을 보이는 극지방 온도가 앞으로 조금만 더 오르면 매장된 메탄이 해상, 지상으로 대량 분출될 수 있다고 합니다. 최근 들어 기후학자들은 이런 현상이 만들어낼 '걷잡을 수 없는 기후변화' '급격한 기후변화'를 우려합니다. 또 어떤 학자들은 '되돌릴 수 없는 기후변화'를 말하기도 합니다.

최근 우리가 경험하는 지구의 과열 현상이 '자기증식 피드백 고리(self-reinforcing feedback loops)'를 가지고 있다는 점에서 매우 우려스런 일입니다. 이 피드백 고리는 온난화, 극지방 메탄 방출, 사막화, 열대우림과 산림 훼손, 빙하와 판빙(ice sheets) 유실, 해양 온도 상승, 바닷물 산성화, 산호초 파괴와 같은 서로 영향을 주고받는 '지구 현상'의 순환 고리를 말합니다. 순환 고리 중 어느 하나에 문제가 생기면 마치 도미노처럼 모든 것이 무너져 내릴 수 있다고 합니다. 산업문명의 원천 동력인 탄소 연료로부터 비롯된다는 사실이 우리를 더 난처하게 만듭니다.

김민웅 교수　심각한 문제입니다. '인간의 안전'이 한계점에 다다르고 있다는 이야기로도 들립니다. 인간 삶의 번영을 꾀한 산업 문명이 거꾸로 재앙이 되고 있는 셈입니다.

조인원 총장　지구 온난화로 인한 혹서와 가뭄, 산불, 해수면 상승과 같은 문제가 학계와 전문가 그리고 지구사회의 논란이 되고 있습니다. 특히 최근엔 중동과 북아프리카 지역의 심각한 '기후 난민' 문제가 언론에 자주 오르내립니다. 미국 서남부와 호주, 뉴질랜드, 남부 유럽 등지의 기후변화에 따른 시민들의 이주 소식도 보도되기 시작했습니다. 언젠가 우리에게도 돌연 들이닥칠지 모를 이 같은 '미래의 현실'에 우리도 이제 더 많은 관심을 가져야 하지 않을까 합니다.

몇 해 전 오바마 대통령은 기후변화를 새롭게 정의했습니다. 기후변화는 말 그대로 기후나 환경 문제일 뿐 아니라 국가 안보 문제라고 규정했습니다. 정치군사적 개념인 국가 안보를 다시 정의해야 한다는 것입니다. 저는 더 나아가야 한다고 봅니다. '지구 행성의 안위 문제'로 규정하는 것이 필요합니다. 온난화와 기후변화는 한 국가의 문제인 동시에 한 나라가 홀로 풀 수 없는 초국적 사안입니다. 인류의 공동 인식과 대처를 필요로 합니다. 온난화, 기후변화는 바로 지금 여기에 와있는 내 문제이고 우리 문제입니다.

김민웅 교수 위기의식이 절실한 문제입니다만 역시 일상에서는 다루기 쉽지 않은 주제입니다. 견디기 어려운 폭염이 계속된다면 모르겠지만 기후변화 문제는 여전히 일상생활과 거리가 멀다고들 여깁니다. 그래도 말씀하신 대로 이 문제의 본질은 인간의 미래, 지구의 미래라고 할 수 있을 것 같습니다.

사실 이에 대한 대응이 없었던 건 아닙니다. 파리기후협정 말입니다. 가장 거대한 산업국가라 할 수 있는 미국이 탈퇴를 선언하며 동력에 중대한 지장이 생겼습니다. 이런 면에서 본다면 세계정치의 문제가 대단히 중요해집니다. 어떻게 풀어나가야 할까요?

조인원 총장 2015년 12월에 파리기후협정이 맺어진 것은 '역사적인 사건이자 축제'였습니다. 전 세계 거의 모든 나라가 참여했습니다. 기후변화 문제가 1970년대 제기된 지 무려 반세기의 시간을 끌다가 최근에 극적으로 뜻을 모았습니다. 국제사회는 크게 반겼습니다. 세기말까지 지구 기온 상승을 산업화 이전 수준 대비 섭씨 2도 내로 제한한다는 내용이 파리에서 공표됐습니다.

그러나 안타깝게도 최근 미국 트럼프 행정부가 파리협약 탈퇴를 선언했습니다. 화석연료와 무기 산업 중흥에 박차를 가하겠다고도 했습니다. 눈앞의 정치경제적 이익에 편중된 현실정치(Real Politik)가 또다시 고개를 들었습니다.

그간 생산과 소비 확장을 통해 부를 축적하고 경제 성장을 이룩하자는 산업문명의 뿌리 깊은 기조와 담론이 세상을 이끌어왔습니다. 이와 같은 '근대적 욕망'의 추진은 그 자체가 문제가 되는 것은 물론 아닙니다. 오늘 우리가 누리는 산업문명, 시장문명의 수많은 혜택은 바로 그 욕망의 산물입니다. 그러나 문제는 과도함입니다. 부작용에 관한 미온적 태도입니다.

'극복의 지혜' '초월적 용기' 북돋우는 새 정치 필요

몇 해 전 어느 언론매체에서 이런 내용을 읽은 기억이 있습니다. 어렴풋한 기억에 따르는 인용이지만 오늘의 상황은 마치 '불난 집에서 내기 체스를 두는 일에 몰두하는 것과도 같은 상황'이라는 내용이었습니다. 물론 비판적으로 극화한 표현이겠지만 우리는 이런 현실 인식에도 주목할 필요가 있습니다.

우리 안위와 번영의 시작과 끝은 삶을 가능케 하는 이 땅과 바다, 하늘에 달려 있습니다. 생존을 위해 경작을 해야 하고, 어장을 필요로 합니다. 또 무엇보다 마음 놓고 들이마실 공기가 있어야 합니다. 유엔, 유네스코와 같은 국제기구, 시민사회단체, 과학자, 전문가가 식량과 자원, 대기와 기온, 서식지와 경작지 파괴의 심각한 실상을 거듭 알리고 있습니다. 그러나 그런 가운데도 경제활동의 근원적 기저는 크게 달라지지 않았습니다. 지속가능한 미래가 점점 불투명해지고 있습니다.

불투명한 미래: 파리기후협정은 반세기 넘게 고군분투한 끝에 이뤄낸 국제정치의 소산이다. 그러나 현재 어려움에 처해 있다. 무엇이 이런 결과를 가져온 것일까?

'어떻게 풀어야 할지.' 답을 제시할 순 없지만, 두 가지 문제의식만큼은 말씀드리려고 합니다. 먼저 정치 문제입니다. 정치인들은 지지 기반에 따라 세상을 바라보는 경향이 있습니다. 나를 지지하는 유권자가 어떤 이익과 가치를 추구하는가에 따라 사유와 행동거지를 정합니다. 그래서 때에 따라선 과학자들이 말하는 '과학적 진실'과 상관없는 행동을 합니다. '기후변화는 거짓이다.' 그런 정치적 수사가 대표적인 예입니다.

이런 점에서 또 다른 사안이 중요해집니다. 시민의식입니다. 기후변화를 시민 한 사람 한 사람이 '내 문제' '우리 문제'로 생각하는 것입니다. 대비책을 세상 정치에 요구하는 것입니다. 그러나 그러기 위해선 우리 각자의 생각이 중요합니다. 내가 누려왔던 소비와 소득과 이윤, 그 구조에 변동이 발생할 수 있기 때문입니다. 어떤 삶과 미래를 만들어갈 것인지. 삶의 지속 가능한 미래를 위해 무엇을 할 것인지. 결국 개인적 선택과 집단적 노력에 달려 있습니다.

김민웅 교수 두 가지 문제가 정말 중요해보입니다. 현실정치의 위험성과 새로운 정치의 차원에서 좀 더 부연해주시죠.

조인원 총장 과도한 '현실정치'를 경계해야 한다고 봅니다. 특히 권력을 위해 목전의 이익에 집중하는 정치의 이면을 헤아리는 것이 중요합니다. 현실정치가 내놓은 비전이 내 삶의 가치와 지속가능한 삶의 터전을 담보하는 것인지, 깊이 살펴야 합니다. 그런 시야는 우리 내면의 성찰과 시민의식에서 비롯됩니다. 이를 위한 의식이 형성될 때 정치도 변합니다.

지금은 우주에 올라가 지구를 보는 시대입니다. 우주에서 지구를 바라보면 우리는 매우 작고 연약한 지구, 칼 세이건(Carl Edward Sagan)의 말을 빌리면, '창백한 푸른 점(pale blue dot)'에서 살고 있습니다. 의식에 이런 지구의 모습이 담겨 있을 때 우리는 마주한 현실을 좀 더 온전히 바라볼 수 있지 않을까 합니다. 그러나 일상을 살다 보면 늘 그렇게 하기가 쉽지 않습니다. 바쁜 일상이 원인일 것입니다. 치열하고 경쟁적인 사회가 이를 가로막기도 합니다.

그러나 기후변화 같은 지구적 재앙의 조짐을 주시하면서 시야를 넓혀가는 것이 필요합니다. 일상과 함께 다가올 자신의 미래, 그 미래가 초래할 삶의 가능성을 생각해보는 것이 내 자신의 실존적 가치와 삶의 조건을 고양할 수 있습니다. 현실정치는 흔히 이런 삶의 과업을 가로막습니다. 경쟁적 성장 경제와 이를 위한 사회 안정에 집중합니다. 새 정치는 앞서 말씀드린 인간의 조건과 함께 지속가능한 발전을 향한 '극복의 지혜' '초월적 용기'를 북돋우는 정치라 할 수 있습니다.

김민웅 교수　정치가 대전환의 미래를 설계하려는 의지를 갖고 노력해야 하는데 그 가능성이 별로 보이지 않아 안타깝습니다. 이와는 다른 차원의 문제입니다만, 온난화와 기후변화에 관한 과학계의 노력은 어떤 것을 거론해볼 수 있을까요?

조인원 총장　제 지식이 짧습니다만, 잘 알려진 것 중 하나는 지구환경공학(geo-engineering)에 관한 노력입니다. 지구에 들어오는 태양에너지를 관리하는 기술입니다. 아직은 찬반이 나뉘지만 대기 중 이산화탄소를 포집, 매장하는 화공학적 기술도 잘 알려져있습니다. 그리고 대기 중 이산화탄소를 흡수하는 지구적 차원의 재산림화(reforestation)와 이젠 상당한 개발의 역사를 갖고 있는 풍력, 태양광과 같은 재생에너지 활용은 이미 진행 중인 시도입니다. 그러나 또 다른 편에선 이 모든 노력의

세계화의 그물망: 우리는 무한한 가능성과 위기의 지구적 확산이라는 이중의 현실을 보고 있다. 오늘의 위기를 해결하는 일은 인류 전체의 공동 과제다.

실효성에 의문을 제기합니다. 우리가 맞닥뜨린 기후변화 문제는 '경제사회 패러다임의 대전환'을 통해 과도한 생산과 소비를 줄여나갈 때 대처 가능하다는 점을 강조합니다.

어떤 길을 선택할 것인지, 어떤 선택의 조합으로 문제를 풀어갈지, 우리의 '의식'과 '세상 정치'에 달려 있습니다. '여섯 번째 대멸종' '진화 또는 멸절'이 거론되기 시작한 이 시점에서 공론화 과정이 시급해보입니다. 삶과 정치의 새로운 지평을 열어가야 할 때입니다.

김민웅 교수　미래가 요청하는 정치의 본질, 정치와 시민에 대한 심도 있는 논의는 결론 부분에서 얘기할 기회가 있을 겁니다. 여전히 남는 고민은 지구 운명에 대한 현실 인식과 정치 주도력을 어떻게 키워낼 것인가, 어떻게 관리할 것인가에 대한 문제입니다.

조인원 총장 우리에게 새롭게 주어진, 그리고 인류가 처음 맞닥뜨린 오늘의 현실은 과거의 틀과 인식에 묶여있어 풀어나가기 힘든 상황입니다. 과거가 오늘의 문제를 만들었기 때문입니다. 미래에 관한 담론과 그것의 현실적 의미를 헤아리는 것이 중요합니다. 이를 백캐스트[6]라고도 하지만, 저는 '미래의 회상'이라고 부릅니다. 지금 추세가 만들어낼 미래, 그 미래를 성찰적 관점에서 바라보면서 오늘의 생각과 행동에 스며들 수 있는 또 다른 현실을 구성하는 인식과 실천의 지대를 만드는 일입니다.

로마클럽 보고서 작성에 역할을 했던 팀 중 한 분이었던 요르겐 랜더스(Jorgen Randers)가 지난 2012년 〈더 나은 미래는 쉽게 오지 않는다〉(2052: A Global Forecast for the Next Forty Years)란 책을 내놓았습니다. 이 책은 자신의 미래 전망이 '틀리기를 바란다'는 역설

---

6 백캐스트(backcast)는 "이미 일어난 지난 사건을 되돌아보면서 성찰한다(retrospect)"는 의미를 가진 말이나, '미래회상'은 "아직 이루어지지 않은 미래적 사건을 이미 이루어진 것으로 설정하고 그 관점에서 오늘을 돌아보는 시선"을 뜻한다. 이럴 경우 현실을 어떤 방향으로 이끌어갈 것인지 더 분명해질 수 있다.

적인 후기를 담고 있습니다. 이 책이 출간되기 40년 전, 1972년 로마클럽에서는 〈성장의 한계〉(The Limits to Growth)란 첫 보고서를 내놓은 적이 있습니다. 랜더스는 〈성장의 한계〉에 담긴 '위기 의식'만으론 지구의 난제를 풀 수 없다는 반성에서 그런 결론 아닌 결론을 내놓았다고 합니다.

지구적 감수성이 현실정치를 바꾼다

랜더스는 이런 반성과 함께 이번엔 이를테면 테슬러 같은 디자인도 훌륭하고, 환경에도 좋은 차를 만드는 일이 도움이 될 것이라 했습니다. 환경과 기후변화에 무심한 사람들이 난제를 풀어가는 데 동참할 수 있는 새로운 동기를 만들자는 것입니다. 또 다른 사람들은 신재생에너지 산업을 키워 문제를 풀어가자고 합니다. 지구의 위기와 함께 더 커질 수밖에 없는 새 비즈니스 가능성을 확대해 수익을 창출하면서도 공적 가치의 미래를 열어가자는 것입니다. 옥스퍼드대학교 경영대학원은 이와 같은 시각에서 커리큘럼을 강화하고 있다고 합니다.

현실정치는 '난공불락'처럼 변화를 기하기 힘든 구조물처럼 보입니다. 정치에 착근된 기성 인식, 이해타산의 단기적 정치 셈법이 뿌리 깊게 자리내리고 있기 때문입니다. 그러나 '촛불혁명' 때 보았듯이 의식의 변화와 함께 역사의 흐름은 변합니다. 산업혁명의 선두에 섰던 영국에서는 1950년대 초 정부를 상대로 시민 소송이 있었습니다. 석탄 산업이 빚은 극심한 스모그와 미세먼지가 시민의 실존을 위협했기 때문입니다. 얼마 전 미국에서도 유사한 일이 있었습니다. 미래세대의 안위를 위협하는 기후변화의 현실에 연방정부가 미온적 태도를 보인다는 이유에서입니다. 지구촌 도처에서 시민의식, 지구적 감수성이 형성될 때, 온난화와 기후변화를 둘러싼 현실정치도 결국 변할 것입니다.

김민웅 교수 새로운 시민의식의 형성이 중요하다는 것을 말씀하셨습니다. 크게 주목할 대목인 것 같습니다. 또 말씀하신 대로 인간의 실존 및 인류 공동체의 문제를 풀어나가기 위한 세계정치가 더 절실합니다. 보코바 대학장님께 같은 차원의 질문을 드리고자 합니다.

이리나 보코바 대학장 그야말로 전례가 없는 위기의 시대입니다. 저는 다들 아시다시피 동유럽 출신입니다. 저희는 그간 냉전의 종식과 민주주의의 도래를 겪으며 다시는 과거로 되돌아가지 않을 것이라 믿었습니다. 그러나 현실은 그렇지 않았습니다. 지구적 분쟁은 끝없이 일어나고, 지구적 연대가 깨지고 있습니다. 19~20세기에 걸쳐 겪은 고통에서 교훈을 얻어 일으켜 세운 세계정치의 골격이 무너지고 있는 것입니다. 이런 현실에서 우리는 기후변화의 위기를 맞이하고 있습니다.

그래서 이 문제를 해결하는 일이 우리 모두에게 절박합니다.

개발도상국의 미래는 '지속가능한 발전'

조 총장님께서 말씀하신 대로 오늘날 우리의 문제는 그 어떤 영역도 지리적·물리적 경계에 갇혀 있지 않습니다. 기후 문제도 마찬가지입니다. 그렇기 때문에 우리는 지금 지구에서 벌어지고 있는 사태에 대해 지구적 차원의 감수성과 책임감을 지녀야 합니다. '인류가 직면한 가장 심각한 위기에 대한 감수성을 키워내는 일'이 필요합니다. 여기서 출발해야 합니다. 다보스는 매년 세계 경제현실을 다루고 있습니다. 미래 경제에 대한 전망이 늘 있어 왔습니다. 하지만 이제는 다보스에서조차 기후변화 문제를 심각하게 논의합니다. 그만큼 기후변화 문제에 대한 전 세계의 인식이 날카로워지고 있는 것입니다.

김민웅 교수　결국 '어떤 행동을 해나가야 하는가'를 생각하는 것이 관건으로 보입니다.

이리나 보코바 대학장　그런 점에서 두 가지 현안이 매우 중요하다고 봅니다. 첫째는 교육입니다. 교육을 통해 우리가 어떤 방식의 소비를 해야 하는지, 우리의 생각과 인식은 어떻게 바꿀 수 있는지 일깨울 수 있습니다. 우리는 모두 한배를 타고 있습니다. 교육은 지구 시민들에게 새로운 지식과 가치를 공급합니다. 뿐만 아니라 정확한 정보에 근거해 행동하고 선택할 수 있도록 돕는 장치이기도 합니다. 이로써 함께 연대하고 모두에게 도움이 돌아가는 공동체적 실천이 가능해집니다. 이것이 바로 유네스코가 주도한 지속가능한 발전을 위한 "유엔 교육의 10년(United Nations Decade on Education for Sustainable Development: 2005-2014)" 정신입니다. 지속가능한 발전과 교육을 일치시켜나가는 운동이라고 할 수 있습니다.

둘째는 기후변화 문제와 관련해, 특히 개발도상국의 미래를 돕고 지켜주는 일입니다. 이들 나라는 선진국을 따라잡고 발전할 수 있는 유일한 길이 '산업문명 모델을 모방하는 것'이라고 여기고 있습니다. 물론 이는 논란이 많은 주제입니다. 개발도상국이 새로운 기술과 재생에너지를 사용한다면 기존의 산업 국가들이 걸어온 길을 가지 않을 수 있습니다. 인도와 같은 나라들은 사실 파리기후협정에 대해 저항감을 갖고 있습니다. 이들은 기존의 산업 국가들에게 이렇게 묻습니다. "당신들은 이미 다 이뤄놓은 상태이니 우리의 발전을 가로막고 싶어 하는 것 아닙니까?"

김민웅 교수 여기에는 세계적인 빈부격차의 현실이 얽혀 있습니다. 간단치 않은 문제입니다. 그래서 선발주자가 후발주자의 길을 가로막고 있는 게 아니냐는 불만이 나오기 마련입니다. 비용을 어떻게 조달할 것인가 또한 논란입니다.

이리나 보코바 대학장 오늘날 전 세계적으로 빈부격차가 극심합니다. 이는 지구의 안전을 위협하는 일이기도 합니다. 기후변화 문제를 제기할 때 말씀하신 차원이 엄연히 존재합니다만, 개발도상국의 질문에 대한 답은 다음과 같습니다. "그렇지 않습니다. 당신들의 발전을 막으려고 하는 것이 아닙니다. 우리는 산업문명이 지배하지 않는 지구의 영토에서 생물 다양성을 보존하는 다른 방식의 발전이 이뤄지기를 바랄 따름입니다."

대단히 중대한 문제입니다. 이는 새로운 유형의 경제 발전 궤적을 말합니다. 일부 지역에서는 이와 같은 모델이 이미 등장했습니다. 재생에너지 산업, 녹색경제 등은 그 자체로 이윤을 낼 수 있는 훌륭한 경제활동입니다. 지속가능한 발전과 이윤 창출이 공존하는 길을 만드는 겁니다. 기후친화적인 녹색도시가 생겨나고 녹색경제가 발전하는 방식입니다. 정부와 민간의 협력도 가능합니다.

이것은 미래 산업이기도 합니다. 여기에 집중하는 기업과 국가가 미래를 선도해나갈 것입니다. 미국 내에서도 논의가 진행 중입니다. 미래 경제이자 이윤 창출의 새로운 방식이라 할 수 있습니다. 민간 기업이 여기에 뛰어들면 잘할 수 있습니다. 이미 미국 캘리포니아 주의 경우 디지털 산업과 관련해 다른 길을 선택하지 않았습니까. 이런 관점으로 접근해가다 보

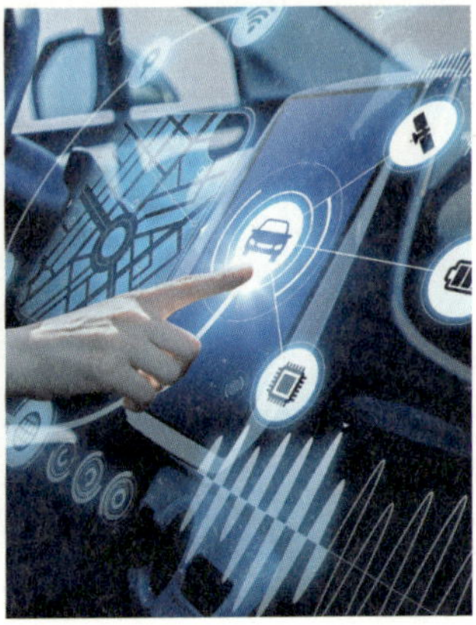

발전의 딜레마: 인류는 과학기술의 발전을 통해 새로운 삶의 조건을 만들어왔다. 하지만 발전 이데올로기가 인류의 미래를 가로막는 역설이 발생하고 있다.

면 지금과 같은 상황을 극복할 수 있는 노력은 얼마든지 할 수 있습니다. 달리 말하자면, 파리기후협정의 정신과 지속가능한 발전을 일치시키는 작업이라고 할 수 있을 것입니다. 우리에게 위기를 막을 수 있는 시간이 얼마나 남았는지는 아무도 모르지만, 노력하는 만큼 시간은 생겨날 것입니다.

김민웅 교수 혹시 너무 낙관적인 전망은 아닐까요? 현실이 비관적이라는 이야기를 하려는 것은 아닙니다만, 다른 차원의 문제도 여전히 존재한다고 봅니다. 복잡한 현실에 보다 정교하게 대응해야 하지 않을까 하는 것이지요. 말씀하신 대로 문제를 해결할 수 있는 기술의 변화가 있고, 새로운 형태의 경제 모델도 가능합니다. 그런데 세계정치가 만들어내고 있는 현실도 있지 않을까요? 기술만으로는 풀 수 없는 점에 대한 고민이 남습니다.

이리나 보코바 대학장 물론입니다. 기술적 차원을 넘는 여러 현안들이 있는 건 사실입니다. 뭔가 역설적인 현실 세계에 살고 있다는 것도 함께 주목할 필요가 있습니다. 기술이 기여하는 것과 기술이 일으키는 문제가 공존하고 있기 때문입니다. 오늘날 등장하고 있는 기술은 이윤을 넘어 인간을 위해 봉사할 수 있어야 합니다. 윤리적 요구라고 할 수 있지요. 빈곤, 갈등, 자원 고갈뿐 아니라 이로 인해 발생하는 여러 유형의 난민이 있습니다. 서아프리카의 경우 미래의 문제가 될 난민 사태가 이미 시작되고 있습니다. 이는 결국 평화, 안전 그리고 자연 모두에 걸쳐 중대한 현안입니다.

그렇지 않아도 지난 2017년 유네스코에서는 "기후변화에 대한 윤리적 기준 선언(A Declaration on Ethical Principles in Relation to Climate Change)"을 공표했습니다. 이 선언은 예방 조처의 중요성, 평등과 정의의 가치, 지속가능한 발전, 연대, 결정 과정에서의 과학 지식의 중요성 등을 강조했습니다. 이런 원칙이 현실에서 관철된다면, 인간이 만든 재앙으로 인해 고통 받는 사람들이 없는 세상이 되지 않을까요?

김민웅 교수 그럴 수 있으면 좋겠습니다. 지금 말씀하신 난민 문제는 정말 중요합니다. 인위적인 자연재해와 정치적 분쟁으로 인해 자기 땅에서 떠날 수밖에 없는 사람들이 늘어나고 있다는 것은 중대한 문제입니다. 이는 세계 정치의 책임에 속하는 사안으로 다뤄야 할 것입니다.

'다자간 체제'로 분쟁 해결해야

그런 차원에서 다른 질문을 하나 드려볼까 합니다. 이스라엘과 팔레스타인 사이에서 벌어지는 문제도 매우 중요한 세계적 현안입니다. 자기 땅에서 쫓겨나는 사람도 있지만, 자기 땅에서 피난민이 되는 사람도 있습니다. 이와 같은 지역적 분쟁을 해결하지 못하면 지구촌의 미래가 어두워질 것입니다. 이란 핵 협정 같은 경우도 미국이 거부해버리는 바람에 사태가 악화되고 있습니다. 미국이 예루살렘을 이스라엘의 수도로 인정해버려, 이스라엘과 팔레스타인의 갈등은 더욱 심각해지고 있습니다. 지구촌 전체가 겪는 고통 중 하나입니다.

이런 점에서 폭력의 구조화, 폭력의 제도화 문제를 푸는 것은 기후변화 문제를 해결하는 것 못지않게 중요한 지구적 과제라는 생각이 듭니다. 대학장님께서는 유네스코 차원에서 이런 문제를 직접 경험하셨기 때문에 해주실 얘기가 많을 것 같습니다.

난민과 정치: 정치가 인간의 결정이라고 한다면, 정치의 변화를 통해 난민 문제를 해결할 수 있을 것이다. 결국은 정치를 변화시키는 시민의 역할이 문제 해결의 관건이다.

이리나 보코바 대학장　지구촌에는 수십 년간 계속돼온 분쟁이 적지 않게 있습니다. 그중 하나가 이스라엘과 팔레스타인 간의 분쟁입니다. 이밖에도 평화와 안전을 막대하게 위협하는 갈등과 분쟁이 많습니다.

오늘날 이러한 사태 앞에서 가장 문제가 되는 것은 이를 다룰 수 있는 국제사회, 다국적 체제, 유엔 등 세계기구의 능력이라고 할 수 있습니다. 문제 해결의 압박이 유독 유엔에게 집중돼있습니다. 인류 공통의 문제가 이런 식으로 다뤄지는 것은 정말 유감스러운 일입니다. 보다 보편적인 틀, 더 범위가 넓은 기반 위에서 이런 문제를 논의해야 합니다. 그렇지 않으면 우리는 불행하게도 제어할 수 없는 폭력과 갈등의 정글 속으로 또다시 되돌아갈지 모릅니다.

이 같은 문제를 해결하는 방법 중 하나는 다자간 체제입니다. 평화를 유지하기 위한 예방 조처에 힘을 기울일 수 있는 다자간 체제를 강화해야 합니다. 물론 이를 위해서는 분쟁 현장에 대한 지식도 있어야 하고, 관련 당사자들 간 이해관계에 대해서도 잘 알아야 합니다. 문화도 알아야 하고 역사도 잘 살펴봐야 합니다. 어떻게 중재해야 하는지에 대해서도 깊이 파악하고 외교적 대응도 펼쳐야 합니다. 안타깝지만 외교적 노력이 힘을 잃고 무대에서 사라지고 있습니다. 다자간 체제를 활용해서 해결 방법을 찾도록 해야 합니다. 공동의 원칙을 세우고 이를 통해 인권 존중과 해결 절차는 물론 분쟁 현장의 고유한 방식까지 담아내야 합니다.

김민웅 교수　그런데 이스라엘과 팔레스타인 문제를 보면 다자간 공존이 아니라 구조적으로 일방적인 폭력이 지배하고 있는 상황입니다. 어느 한쪽은 국가적 폭력을 행사하고 있고, 다른 한쪽은 일방적 희생을 당하고 있습니다. 인권의 유린이 일상화되고 있는 것이죠.

이리나 보코바 대학장　그렇습니다. 인권 문제가 분쟁의 중심에 놓여야 할 것입니다. 결국 "함께 살아가기"가 핵심일 테니까요. 예루살렘 자체가 바로 그런 가치의 상징이라 할 수 있습니다. 유태교, 기독교, 이슬람 등 세계적인 종교 세 개의 성소가 여기에 집중돼있습니다. 이것이 의미하는 것은 자명합니다. 서로에 대한 관용과 평화의 가치를 지켜내라는 것 아니겠습니까? 유엔은 이 문제에 대해 이미 결론을 가지고 있습니다. 팔레스타인을 국가로 인정하는 2개 국가의 평화 공존입니다. 서로 다른 종교를 가진 사람들이 함께 모여 사는 곳에서 절실한 것은 서로를 존중하는 것 이상 외엔 없습니다. 아니면 지난 역사가 보여주었듯 전쟁이 있게 될 뿐입니다. 더 많은 외교, 다자주의, 그리고 지구적 행동의 압박이 필요합니다.

그런 과정에서 예루살렘 구 도시에 세 종교가 공존하고 있는 현실을 바라봐야 합니다. 세 종교의 성소는 서로 몇 발자국만 떼면 오갈 수 있는 매우 가까운 거리에 있습니다. 공존의 현실을 서로 인지할 때, 비로소 우리는 인류 보편의 가치를 확인하고 존중할 수 있는 것입니다.

김민웅 교수　이를 해결하는 것이 바로 정치일 것입니다. 보코바 대학장님이 말씀하신 것과 같은 역량을 발휘할 수 있는 정치적 지혜가 절실한 것 같습니다. 결국 인류가 겪고 있는 문명사적 위기를 돌파하기 위해 새로운 관점과 접근이 필요하다는 이야기로 보입니다. 새로운 문명을 설계해야 하는 상황입니다. 이는 그저 추진만 한다고 이뤄지는 것은 아닐 것입니다. 여기에도 발상, 개념, 관점, 접근에 대한 논의가 필요하지 않겠습니까? 출발선을 어디다 놓아야 할까요?

조인원 총장　그렇습니다. 논의가 필요합니다. 새로운 문명 설계의 문제는 말씀하신 내용이 중요합니다. 이는 결국 인간 의식의 문제로 귀착됩니다. 거기서부터 해결의 실마리를 찾을 수밖에 없을 것입니다. 문명은 결국 개인과 사회, 국가와 국제 사회의 이익과 필요가 총체적으로 어우러진 삶의 표현입니다. 또 그 결과입니다. 그리고 이는 결국 개인과 체제에 내재한 의식에서 비롯됩니다. 그 의식이 무언가에 따라 지속가능한 문명을 만들 수도, 그렇지 않은 자기 파괴적인 문명을 만들어 낼 수도 있습니다.

'지구역량(환경)초과일'이 머지않았다

여기서 함께 생각해야 할 문제가 생깁니다. 인류가 지난 세기 양차 대전을 겪을 당시 배타적 국가와 민족, 그런 개념들이 세상을 지배했습니다. 이로 인한 참혹한 전쟁의 결과는 우리 모두 잘 알고 있습니다. 지구의 상당 지역과 환경, 문명 유산이 황폐화됐습니다. 수없는 사상자는 두말할 것도 없습니다. 그런 엄청난 고통을 겪은 후에야 인류는 인권과 평화, 전후 복구, 경제 성장과 같은 지구적 차원의 개념을 만들기 시작했습니다. 특히 국가 간 교역과 왕래가 급증하면서 산업문명은 그 어느 때와도 견줄 수 없는 성장기를 맞았습니다.

그런 지 수십 년, 인류는 산업화, 세계화란 '컨베이어 벨트'를 만들었습니다. 그 위에서 삶의 길을 재촉했습니다. 수많은 경제적 성취와 성장을 거듭했습니다. 그 열기가 한참 달아오르던 1972년 '성장의 한계'란 화두가 던져졌습니다. 그 후 물론 찬반이 거듭됐습니다. 잘 사는 나라와 그렇지 않은 나라, 체제와 이념을 달리하는 나라 간에 치열한 논쟁과 갈등이 있었습니다.

그러나 오늘의 관점에서 돌아보면, 그 논란과 갈등의 와중에서도 특히 주목했어야 할 문제가 있습니다. 성장과 팽창에 집중된 삶과 이를 이끈 경제사회 패러다임입니다. 산업문명, 성장 경제의 가속페달을 계속 밟아나가면 인류는 머지않아 지구 자원과 환경이 더 이상 감당할 수 없는 '지구역량(환경)초과일(Earth Overshoot Day)'[7]을 맞게 될 것이란 점입니다. 우리는 이를 심각히 받아들이지 않았습니다.

결과는 지금 우리가 마주한 현실입니다. 부의 축적과 경제성장을 둘러싼 사적, 국가적 욕망과 경쟁이 끊임없이 펼쳐지는 가운데, '산업문명' '화석문명'이 시련을 맞고 있습니다. 지

7 '지구역량(환경)초과일(Earth Overshoot Day)'은 과거 쓰였던 '환경부채일(Ecological Debt Day)'이라는 용어를 수정한 개념으로, 인간이 그해 사용할 수 있는 생태 자원을 모두 사용한 날을 뜻한다. 이날이 지나면 날마다 지구 자원의 적자가 쌓이는 것이다.

속가능한 현실의 미래가 불투명해졌습니다. 온난화와 기후변화에 따른 가뭄과 홍수, 자원고갈, 생태계 훼손, 경작지 유실과 같은 지구적 위협이 확장되고 있습니다.

의식 전환이 필요합니다. 패러다임 변화가 필요합니다. 역사의 새 지평은 개인과 삶, 국가와 사회, 문명과 지구에 관한 인식 변화, 성찰적 시민의식이 확산될 때 시작됩니다. 그것이 역사가 남긴 교훈입니다. 눈앞 이해관계의 셈법에 익숙한 현실정치와 기성정치 문화는, 그것이 개인 차원이든 집단 차원이든, 스스로 잘 변하지 않습니다. 하지만 우리는 더 나은 미래를 위해 사유의 틀, 행동의 틀을 변화시켜야 합니다. 그것이 출발선입니다.

이리나 보코바 대학장 조인원 총장님 말씀에 전적으로 동의합니다. 오늘날 지구행성은 인류가 사용할 수 있는 자원을 공급하는 한계점에 도달했습니다. 이에 대한 우리 인식의 패러다임 전환이 절실합니다. 궁극적으로 재생 가능한 에너지는 결국 인간의 창의성 아닐까요? 이걸 통해서 새로운 미래를 상상하고 발견하고 창조해내야 하지 않을까요?

현실적 필요와 공적 가치의 충돌 조화시켜야

김민웅 교수 두 분의 생각이 일치하는 지점이 주목됩니다. 그

세계시민의 출현: 세계시민의 의식이 변화하고 서로간의 소통, 연대의 지점이 만들어질 때 현실정치가 바로 설 수 있다. 사진은 경희대학교가 2009년 개교 60주년을 맞아 서울 코엑스에서 주최한 세계시민포럼(WCF)의 한 장면.

럼에도 불구하고 개인의 관심과 의식 변화, 책임의식보다는 구조적 요인이 더 강하지 않겠습니까? 어느 것이 먼저인가라는 문제가 있긴 합니다만, 총장님께서는 어떻게 생각하십니까?

조인원 총장 물론 그런 의식이 없거나 약한 개인에게 책임을 물어야 한다는 것은 아닙니다. 비판하려는 것도 아닙니다. 지적하신 대로 구조가 중요합니다. 역사의 지속성은 구조, 제도, 문화가 만들어질 때 유지되는 경향을 보입니다. 그러나 화석화된 구조, 당연시되는 관성적 현실의 변화가 필요할 때는 의식이 선도적 역할을 해야 합니다. 그럴 때 현실 너머 세계의 또 다른 가능성이 모습을 드러냅니다.

현실정치는 '현실이라 일컬어지는 현실'을 정상 상태로 내세우거나 이해관계의 근거로 삼으면서 변화해야 할 현실을 이어갑니다. 예를 들어 내가 정치인이고, 화석연료 산업을 운영하는 사람들이 정치적 기반을 형성한다고 해보지요. 그럴 경우 탄소 배출 문제, 온난화 문제를 지지자의 시각과 입장에서 바라보는 경향을 갖습니다. 이를 넘어서지 못하면 미래는 밝지 않습니다. 피해는 고스란히 개인과 사회, 인류 공동체로 돌아갑니다. 지금 우리가 겪고 있는 또 다른 현실입니다.

바로 여기서 판단과 의식 문제가 대두됩니다. 자신의 현실적 필요와 공적 가치의 충돌을 조화롭게 승화시키는 일, 어렵지만 이것이 중요합니다. 이 문제를 끌어안는 자세가 곧 시민의식일 것입니다. 자신을 위해 살면서도 자신이 사는 세상을 위해 뭔가 함께 해낼 수 있을 것이라는 열정과 태도를 잃지 않는 길이라고 할까요? 어려운 문제지만 지속적으로 고민하고 토론하고 대안을 찾는 것이 중요합니다.

구테흐스 유엔 사무총장은 올해 신년사에서 '세상이 거꾸로 가고 있다.' '전 세계에 적색경보를 울린다.'고 했습니다. 강력한 경고이기도 하고 절규처럼 들리기도 하는 이 발언엔 지금 우리 앞에 놓인 위기의 실체가 있습니다. 이를테면 환경, 자원, 불평등, 핵 그리고 특히 기후변화와 같은 지구의 운명, 인류의 운명이 걸린 문제들 말입니다. 방치할 경우 미래는 자명해보입니다. 그래서 정부 간 협력, 현실정치의 협력이 흔들릴

때일수록 시민의식에 더 큰 힘이 실려야 합니다. 그렇지 않은 경우 파리협약이 직면한 것 같은 상황이 벌어집니다. 과학자 다수가 말하듯이 파리협약은 단순한 '정부 간 약속'을 넘어 국제사회에 더 강한 효력을 발휘할 수 있는 국제규약, 또는 법과 제도, 문화로 정착돼야 합니다. 이를 위한 의식 확산이 중요합니다. 눈앞의 정치적 이득과 실리를 위한 정치를 넘어 삶의 인간적 가치를 위한 새로운 정치의 지평이 열려야 합니다.

김민웅 교수　결국 시민의 힘으로 세상을 바꾸는 일이 중요해지고 있습니다. 공적 가치에 대한 인식, 공적 책임에 대한 지구적 차원의 공유가 우리의 미래를 지켜나가는 시민사회의 역량이 아닌가 합니다. 세 개의 대담 주제 가운데 기후변화와 문명의 위기에 대한 첫 번째 화두는 이 정도로 마칠까 합니다. 다음 주제로 넘어가기 전에 여러분의 말씀을 들어보겠습니다. 질문이 있거나 다른 견해를 가지고 계신 분들은 자유롭게 말씀해주시기 바랍니다.

학생*　미국의 파리기후협정 탈퇴 이유가 정확히 무엇인지 궁금합니다.

* 이 학생은 이름과 소속을 밝히지 않았다.

이리나 보코바 대학장 제가 말씀드리지요. 물론 트럼프 대통령을 대신해서 말씀드리는 것은 아닙니다. (전체 웃음) 그럴 생각도 없고요. 우선 알려드리고 싶은 것은 처음에 잠깐 언급했듯이 파리기후협정이 법적 구속력을 가지고 있는 문서가 아니라는 점입니다. 어떤 계약이라고 하기보다는 각국 정부의 자율적인 약속이라고 하는 편이 맞을 것입니다.

그러나 법적 구속력이 없다고 해서 무시할 수 있는 것은 아닙니다. 이 문서는 대단히 중요한 도덕적, 정치적 의미와 힘을 지니고 있습니다. 유엔 안보리 결의문과 같은 것이라 할 수 있습니다. 파리기후협정에 서명한 각국 정부는 협정을 지키겠다는 도덕적, 정치적 약속을 한 셈입니다. 그래서 각국은 파리기후협정 정신에 따른 개발 또는 발전 방식을 실행해야 합니다.

파리기후협정은 도덕적 · 정치적 약속

그런데 미국은 그런 정도의 기준도 따르지 않겠다고 했습니다. 미국 사회 내부에서 이 문제에 대해 다양한 논쟁이 벌어지고 있는 것으로 알고 있습니다. 기후변화 정치가 펼쳐지고 있는 셈이지요. 이런 상황에서 트럼프 대통령은 기업 이익과 관련해 이 문제를 처리하고 있습니다. 이른바 '기업 키스톤 프로젝트(Business Keystone Project)'를 밀어붙일 기세입니다. 오일 파이프를 광범위하게 연결시키겠다는 것인데 화석연료의 이해

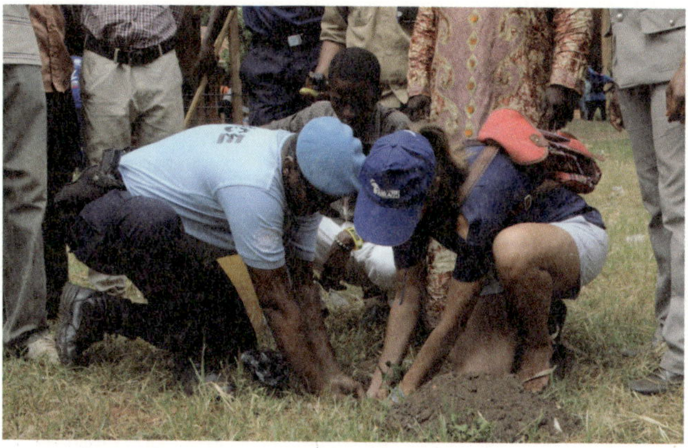

지구적 차원의 노력: 급격한 기후변화에 대응하는 인류의 노력이 절실하다. 이를 통해 우리는 인류 문명사의 전환적 국면을 만들어내야 한다.

가 반영된 계획입니다. 그러나 미국의 모든 주가 이런 식으로 나간 것은 아니었습니다. 파리기후협정에 따르겠다고 선언한 주도 있고, 파리기후협정이 중요하다고 밝힌 주도 있습니다. 뿐만 아니라 과학계와 시민사회가 꾸준히 미국 정부에게 파리기후협정을 지키라고 압력을 넣고 있습니다.

김민웅 교수 사실 미국 기업의 입장에서는 기본적으로 환경보호 비용이 증가하면 지출 부담이 늘어나기 때문에 두려움을 느낄 수도 있겠지요. 하지만 인류가 살아가는 환경과 생태계가 기업의 이해관계에 의해 망가지거나 좌우되는 것은 곤란합니다. 파리기후협정은 법적 구속력이 없지만 도덕적 책임, 정치적 책임이 중요함을 일깨우고 있습니다. 시민사회가 이런 측면을 강조하는 것 또한 중요하다고 봅니다. 보코바 대학장님 말씀에 따르면 미국 정부의 입장에 동조하지 않는 정치권과 시민사회의 움직임이 있는 것 같습니다. 시급한 상황에서 참으로 다행스러운 일입니다.

조인원 총장　덧붙여 말씀드리면 기후변화 문제는 우리가 생각하는 것보다 훨씬 더 시급합니다. 급진적이라 해야 할까요? 아니면 비관적이라 해야 할까요? 어떤 주장은 향후 10여 년이 고비라고 합니다. 또 다른 과학계의 입장은 20년이나 30년을 말합니다. 이 기간 동안 우리가 지구 온난화를 효과적으로 관리하지 못하면 문명 붕괴의 시작을 알리는 '한계 상황'을 맞게 된다고 합니다. 이를 테면 대규모 경작지 파괴, 식량 위기, 해수면 상승에 따른 해안 도시 침수, 고온 사망자 급증, 대규모 기후난민과 경제 붕괴와 같은 일이 닥칠지 모른다고 합니다.

물론 보수적인 입장을 취하고 있는 과학계에선 이보다 긴 호흡으로 전망을 내놓습니다. 앞서도 말씀드린 대로 금세기 말까지 지구온도 상승을 '산업화 이전 수준'을 기준으로 2도 이내로 제한하자는 IPCC(Intergovernmental Panel on Climate Change, 기후변화에 관한 정부 간 협의체)가 대표적인 예입니다. 이를 통해 인류와 지구의 위기를 극복해보자는 안입니다.

다가올 미래를 정확히 예측한다는 것은 불가능한 일입니다.

기후학자들이 지적하듯이 자연현상과 인위적 현상이 결합된 지구 기온은 근본적으로 지구행성 시스템과 인간 행위가 결합된 '복잡계'의 산물입니다. 이를 분석하기 위한 과학 모델은 아무리 정교해도 '단순화 문제'를 안게 마련입니다. 학계에서 논의되는 '자기증식 피드백 고리'도 워낙 복잡해 그 효과와 파장을 정확히 집어내기가 쉽지 않습니다.

그러나 여기서 주목할 점이 있습니다. 다양한 관점을 관류하는 일종의 공감대라 할까요? 그런 것이 존재한다는 사실입니다. '지구 온난화, 또는 과열 현상은 사실이고, 이에 대한 대책이 시급하다'는 것입니다. '우리 삶의 터전을 위협하는 기후의 위기가 산업화 이전에 비해 섭씨 2도를 초과하면 가까운 미래든 먼 미래든 한계 상황에 이를 수 있다'는 점입니다. 우리는 벌써 1도를 초과한 상태입니다. 그리고 최근 들어 과학계의 첨예한 관심사가 되고 있는 극지방, 특히 북극 영구동토층에 매장된 대규모 메탄의 분출 가능성이 위기의식을 한층 더 끌어올립니다.

이런 상황에서 보수적인 파리협약마저 지키지 못하겠다는 정치적 선택은 대단히 우려스럽습니다. 기후변화는 과학의 문제입니다. 정치적 이해타산에 집중하는 현실정치의 문제가 아닙니다.

구테흐스 유엔 사무총장은 지난 4월 기자회견 석상에서 '지금 인류가 맞닥뜨린 가장 큰 위협은 기후변화'라고 단언했습니다. 학계와 시민사회, 그리고 언론계의 폭넓은 관심과 참여,

공적 담론의 확산이 절실한 때입니다. 정치는 '내 권력'과 '파당의 정치 이익'만을 위해 존재하는 것이 아닙니다. 삶의 터전을 가꾸고 이어갈 '포괄적 인간의 문제'를 함께 다뤄야 합니다.

2부

한반도 평화와 유라시아 문명벨트 가능성

김민웅 교수 지구적 위기의 시급성에 비춰볼 때 역사의 희망을 어떻게 만들어낼 것인지가 대단히 중요해 보입니다. 하지만 정치 현실이 너무도 안타깝습니다. 모두 고민해봐야겠습니다. 다음 주제로 넘어가보도록 하겠습니다. 지구와 인류의 안위와 미래를 위협하는 여러 재앙과 위기가 있긴 하지만 실낱같은 희망의 바람 또한 불고 있습니다. 어디서 불고 있는지 다들 알고 계실 것입니다. 바로 여기, 한반도입니다.

하지만 지구적 위기 상황 속에서 한반도의 평화 체제를 만드는 것은 결코 쉬운 일이 아닙니다. 우여곡절을 겪고 있습니다. 북한과 미국의 정상회담 개최가 중간에 흔들리다가 다시 자리를 잡았습니다. 또 어려움이 닥쳐오겠지만 새 희망의 근거지가 한반도에 만들어지길 기대하는 마음이 간절합니다. 두 분의 소감부터 짧게 듣고 얘기를 진행해보도록 하겠습니다.

먼저 이리나 보코바 대학장님의 소감을 듣고 싶습니다.

이리나 보코바 대학장 김 교수님이 이 문제에 관해서는 당연히 조 총장님에게 먼저 질문하실 줄 알았습니다. (웃음) 질문을 던지셨으니 답변을 드리겠습니다.

지금 한국은 전 세계의 주목을 받고 있습니다. 한반도는 전쟁의 유산이 마지막으로 남아 있는 현장입니다. 제2차 세계대전과 냉전의 두 가지 전쟁 말입니다. 저는 동유럽 출신이기 때문에 이런 문제에 대해서는 대단히 민감한 편입니다. 제가 태어난 불가리아는 독일이나 한반도처럼 분단의 역사를 겪지는 않았습니다만 냉전과 관련된 현실이 무엇인지 잘 알고 있습니다. 전 세계는 남한의 문재인 대통령, 북한의 김정은 위원장 그리고 미국의 트럼프 대통령에게 적지 않은 기대를 걸고 있습니다. 전쟁의 유산을 극복하기 위해 더 담대한 조처를 취해 주길 바라고 있습니다. 남과 북의 여러 고위급 인사의 접촉에 이어 벌어지게 될 북한과 미국의 정상회담은 새로운 역사의 출발점이 될 것입니다.

트럼프 대통령도 언급했듯이 한반도 문제는 단숨에 그리고 빠르게 해결될 수 없습니다. 여러 절차와 과정을 거치면서 풀어나가야 할 것으로 보입니다. 기대가 높아도 현실적으로는 매우 조심스러운 경로가 될 겁니다. 이런 과정은 지지를 받아야 합니다. 남과 북, 미국뿐만 아니라 유엔도 지구적 차원에

한반도의 미래: 지난 세기 냉전 체제는 구소련의 붕괴와 함께 사라졌다. 마지막 남은 냉전의 현장인 한반도는 지금 어떤 미래를 마주하고 있는 것일까. 시진은 판문점(위 왼쪽)과 평창 동계올림픽에서 입장하는 남북단일팀(위 오른쪽)의 모습.

서 지지해야 한다고 생각합니다. 유네스코의 경험에 비춰볼 때, 북한이 외부 세계의 여러 조직, 시민사회, 학게, 지식인, 문화계 등과 더 폭넓은 접촉을 가진다면 지금까지 존재하지 않았던 신뢰 관계가 구축될 것입니다. 이 과정은 대단히 중요합니다. 뿐만 아니라 이러한 과정이 시작되었다는 것, 그 자체로 중요합니다.

김민웅 교수　말씀을 듣다 보니 두 가지가 참 인상적입니다. 우리들은 한국전쟁의 종식 그리고 냉전 체제의 종식만을 주로 생각하는 편입니다. 그런데 지구촌 전체를 보면 제2차 세계대전의 유산도 함께 청산된다는 점을 강조해주셨습니다. 뿐만 아니라 전 세계 다양한 시민사회의 지지를 받는다면 새 희망이 있다고 말씀하셨습니다. 여기에 덧붙여 인내심을 갖고 조심스럽게 천천히 신뢰의 경험을 쌓아야 한다는 소중한 말씀을 해주셨습니다. 이어서 총장님 말씀을 듣겠습니다.

'외눈으로 북한을 보지 말자'

조인원 총장 남북관계 진전에 관한 소회를 물어보시니 말씀드리고 싶은 이야기가 하나 있습니다. 저희 부모님은 실향민입니다. 한 분은 평북 운산에서, 한 분은 평양에서 내려오셨습니다. 어릴 때 북한 얘기를 많이 들었습니다. 그 후 그 이야기에 얽힌 생각도 종종 했습니다.

1960년대 초반인 것 같은데 어렸을 때 일입니다. 그 시절 어머니께서는 가끔 이북에서 내려오신 친구분들을 집에 초대하셨습니다. 담소도 나누시고 윷놀이도 하시고 음식도 나눠 드셨습니다. 그런데 한번은 집에 놀러 오신 친구분 중 한 분이 댁에 돌아가시면서 택시를 타신 모양입니다. '사건'이 일어났습니다.

김민웅 교수 홍미진진합니다.

조인원 총장　지금 생각하면 정말 웃지 못할 일이 일어났던 것 같습니다. 어머님 친구 한 분이 귀갓길에 택시를 타시고는 대뜸 '대동강 갑시다래'라고 하셨다고 합니다. 이것이 '사건'의 발단입니다. 친구분들과 이야기꽃을 피우시던 가운데 여고시절 친구분들이 대동강가에서 함께 놀던 이야기가 내내 화제가 됐던 모양입니다. 무심결에 '한강 갑시다'라고 했어야 할 것을 '대동강 갑시다래'라고 하셨답니다.

김민웅 교수　당시로서는 자칫 간첩으로 몰릴 상황입니다. 요즘은 대동강 맥주가 꽤나 인기가 있는데 말이지요.

조인원 총장　하하, 그러게 말입니다. 친구분들끼리 모이셔서 고향 얘기도 하시고 대동강에서 함께 놀던 얘기도 한참 하셨으니, 무의식적으로 대동강이란 말이 나온 모양입니다. 친구분께서 집을 나선 지 채 몇 분이 되지 않아 동네 파출소에서 어머니께 전화가 왔다고 합니다. '신원 확인차'였답니다. 지금이야 웃고 넘길 일이지만 당시로서는 간담이 서늘할 수 있는 상황이었겠지요.

대동강 얘기만 꺼내도 '간첩'이나 '빨갱이'로 오인 받던 시절이 있었습니다. 얼마 전까지만 해도 그 정도는 아니지만 북에 대한 이야기를 하기가 편치 않던 상황도 있었습니다. 오늘 아침 일간지에서 칼럼을 하나 읽었습니다. 북한을 잘 아는 재미

한인 원로 교수의 생각을 인용한 글이었습니다. 칼럼 필자는 그분의 저서인 〈선을 넘어 생각한다〉를 소개하면서 '외눈으로 북한을 보지 말자'라는 시각을 전했습니다.

김민웅 교수 미국 조지아대학의 박한식 교수님입니다. 아주 오랫동안 북한을 오가면서 북한과 미국의 관계 정상화에 힘쓴 분입니다.

조인원 총장 그렇군요. '선을 넘어 생각한다'라는 제목이 시사해주는 바가 있는 것 같습니다. 사실 그분 말씀대로 우리는 하나의 시선으로 북한이라는 상대를 봐왔습니다. 관점의 변화를 요구하는 것이 문제시되는 시절을 살았습니다. 정부의 입장과 다른 관점을 내면 불법이 되는 상황도 있었습니다.

우리 관점에서 북한을 바라보면 문제가 많을 수밖에 없습니다. 인권이나 생활수준 같은 문제도 있고 정치적인 문제도 있을 것입니다. 하지만 다른 각도에서 북한을 볼 수도 있습니다. 우리와 무엇이 다른지, 사람들의 속마음은 무엇인지, 어떻게 역사를 이해하고 미래를 그리는지, 왜 그런 생각을 하는지. 그런저런 생각을 하면서 남북 문제를 풀어갈 수도 있습니다. 개인 관계 역시 마찬가지입니다. 나와 생각과 신념이 다른 친구를 대할 때도 하나의 논리에서 벗어나지 못하면 종종 다투는 경우가 있습니다. 가족 관계도 그럴 수 있습니다. 차이를 지혜롭게 넘어서는 일이 중요해보입니다. 그 차이와 함께할 수 있는 '무엇,' 그것을 찾아나서는 일이 필요합니다. 물론 그 관계를 더 나은 미래를 위해 이어가고 싶다면 말입니다.

김민웅 교수 지금까지 익숙했던 것과는 다른 각도에서 북한을 볼 수도 있다? 어떻게 들으면 아슬아슬한 발언일 수도 있습니다. (전체 웃음)

'차이'와 함께 미래를 '발견'해야

조인원 총장 그런가요? (웃음) 조금 더 이야기를 드리고 싶습니다. 남북 관계를 개선하기 위해서는 우리 스스로 마음의 준비를 하는 것이 필요하다고 봅니다. 우리하고 다른 정체, 문화, 이념, 관습을 가진 사회를 어떻게 받아들일 것인지 생각해야 하지 않을까 합니다.

북한은 억압적인 구조를 가졌다는 얘기를 우리는 많이 들어왔습니다. 전혀 다른 차원이지만 다른 사회에도 그런 부분이 있을 수 있습니다. 예를 들면 '대학을 들어가 사회적으로 출세하고 돈을 많이 벌어야 행복하다'는 관점이 있습니다. 그것이 마치 화석처럼 굳어지면, 그래서 그렇게 생각하지 않는 사람들의 꿈과 행복, 사회적 활로에 지장을 준다면, 이는 곧 '획일성'의 세계를 의미합니다. '동일성의 전제(專制, tyranny)'가 펼쳐지는 세상이 되고 맙니다.

그런 사회에선 마음의 자유로움, 나만의 개성과 선택을 살리는 삶보다는 이미 정해진 쪽으로 끌려가는 경향이 강해집니다. 자기 정체성, 자유의지와 상관없이 이끌려가게 됩니다. 내용과 정도의 차이는 있지만, 이런 일은 어느 사회나 다 존재할 수 있습니다. 그런 생각을 통해 우리는 상호 이해의 공간을 넓힐 수 있습니다.

얼마 전 BBC 방송 특집을 본 적이 있습니다. 다가올 우주시대를 내다보며 지구와는 전혀 다른 삶의 조건에서 인간이 어떻게 생존할 수 있을까라는 소재를 담았습니다. "새 지구 원정대"라는 제목의 다큐 프로그램으로 기억합니다. 두 여성분이 '새 지구 상황'을 어떻게 마주해야 하나라는 문제의식과 함께 북극 설원을 찾아간 이야기가 나옵니다. 한 여성이 다른 분에게 이렇게 물어봅니다. "설원의 모습이 온통 흰데, 지겹지 않으세요?" "아닌데요. 자세히 보세요. 흰색도 천차만별입니다. 다양한 흰색이 있습니다. 경이롭지 않나요?" 온통 같은 것으로 비쳐지는 것과 그 속에서 새로운 관찰의 가능성을 찾아나서는 것. 이 일은 우리 모두에게 필요한 일입니다. 체제와 이념의 차이, 습성과 사유방식의 차이, 그런 차이와 함께 미래를 발견해가는 것이 남북 관계나, 다가올지 모를 '새 지구'의 시대에 중요해질 수밖에 없는 일입니다.

김민웅 교수 '자세히 본다, 이미 알고 있는 눈으로 보지 않는다, 그래야 새로운 가능성을 발견할 수 있다'라는 태도라고 생각됩니다. 인간과 세계를 대하는 자세나 태도에 대해 생각하는 것이 남과 북의 관계를 풀어가는 데 도움이 될 수 있다는 말씀으로 들립니다. 이런 문제의식이 낯설 수 있는 우리 학생들에겐 지금까지의 이야기가 혹 너무 큰 이야기가 되지 않을까 싶어서, 다소 간단한 질문 하나 드리고자 합니다. 만약 총장님이 북한을 가신다면 어딜 제일 먼저 가고 싶으신지요?

조인원 총장 아무래도 부모님의 고향인 운산과 평양을 가고 싶겠지요. 사실 운산, 평양뿐만 아니라 북한 곳곳을 둘러보고 싶습니다. 어디든 방방곡곡 자유롭게 돌아다닐 수 있는 시대가 왔으면 좋겠습니다. 그리고 아마도 그런 자유가 이뤄지는 가운데 서로에 대한 생각을 새롭게 할 수 있으리라 봅니다. 경제의 관점, 정치의 관점, 체제와 이념의 관점이 아니라 사람들 마음의 관점에서요.

김민웅 교수 그런 날이 그리 멀지 않을 거라고 봅니다. 4.27 남북정상회담 때 북의 김정은 위원장이 평양에서 냉면을 가져온 이야기를 하면서 "멀다고 하믄 안 되갔구나"라는 말, 기억나지 않으십니까? (전체 웃음) 한반도 평화의 시작은 아무래도 군사적인 적대관계를 어떻게 해결하느냐가 현실적으로 매우 중요

평양의 오늘: 서울이 달라지는 것처럼 평양도 빠른 속도로 달라지고 있다. 그러다 보니 서로 같은 풍경들도 생겨나고 있다. 남과 북이 서로의 차이보다 동질성을 공유할 때 한반도가 화해와 공존의 첫걸음을 내딛을 수 있다.

하다고 할 수 있습니다. 폭력의 구조가 온존하는 한 평화를 기대하는 건 어렵지 않습니까?

이 문제에 접근하는 태도를 정리하는 것 또한 그렇게 간단치는 않습니다. 가령, 한반도의 평화와 해결책을 만들어가는 과정에서 제기되는 '비핵화'는, 북쪽에서는 "한(조선)반도의 비핵화"라고 하고 남쪽에서는 "북한의 비핵화"라고 합니다. 서로 상당히 다른 개념입니다. 그러나 동아시아 전체의 비핵화, 더 나아가 세계 전체가 핵의 공포로부터 자유로워지는 것은 절실하고 또한 중요할 거라고 봅니다. 이런 군사적인 대치, 적대관계를 해제하고 평화를 만들어내는 데는 가장 먼저 무엇이 필요하다고 보시는지요?

이리나 보코바 대학장 아무래도 남과 북이 서로를 좀 더 잘 알아갈 필요가 있지 않을까요. 지금은 하도 남남 같아서 이상하기도 하지만, 남과 북은 오랫동안 하나의 민족, 하나의 나라였습니다. 그러다가 분단이 돼 가족들마저 갈라져 큰 고통을 겪어왔습니다. 그런 까닭에 서로에 대한 지식이 더 많이 필요하다고 봅니다. 조 총장님께서 서로에 대한 신뢰와 상호존중이 중요하다고 말씀하신 것도 같은 맥락이 아닌가 합니다.

남과 북은 서로 다른 체제로 살아오긴 했습니다만 서로 평화를 이룩하고 지금과는 다른 상태로 진입하고자 한다면, 이와 같은 신뢰를 구축하고 상호 존중의 길을 열어나가야 한다고 봅니다. 서로 마음을 열고 생각해본다면, 새로운 상황을 만들어낼 수 있을 겁니다.

'신뢰 구축'과 '상호 존중'이 열어가는 한반도의 미래

북한의 경우, 적지 않은 사회적 문제, 경제적 과제에 직면하고 있습니다. 이런 상황에서 북한은 세계경제와 접촉하고 교류하면서 새로운 길로 나가고자 할 것이기 때문에 북한과 대화하고 협상하는 과정에서 우리가 할 일이 있습니다. 언론 보도에 따르면 최근 북한에서도 일종의 중산층이 형성되고 있다고 합니다. 앞으로 우리는 이들이 가지고 있는 개방적 태도가 더 강화되고 확산될 수 있도록 도와야 할 것입니다. 그러다 보면 시장경제에 대한 태도도 유연해질 것으로 기대됩니다.

북한의 교육 체계도 세계화된 현실과 마주하려면 변화가 돼야겠지요. 이 역시 정치적 결정 영역에 속합니다. 이런 전환의 과정이 쉽지는 않을 겁니다. 제가 태어난 불가리아 역시 고통스러운 과정을 거치면서 전환의 경험을 했습니다. 시장경제로 가는 길에 많은 사회적, 경제적 문제를 겪었지요. 앞으로 남북이 서로를 이해하며 신뢰를 구축해낸다면 우리가 바라는 목표가 이루어질 수 있다고 봅니다.

김민웅 교수 의지가 있으면 된다고 얘기를 합니다만, 워낙에 적대적 관계가 오래되다 보면 이해하는 능력 자체가 아무래도 제약이 될 것입니다. 안타까운 일입니다. 이와 관련해서 질문을 하나 더 드린다면, 분쟁의 중심에 들어서서 중재 역할도 많이 하셨을 텐데, 중재라는 게 쉽진 않잖아요. 양쪽을 다 설득시키다 보면 양쪽으로부터 도리어 비난을 받을 수도 있습니다. 이런 것들을 어떻게 풀어내셨는지 궁금합니다.

이리나 보코바 대학장 하하, 저는 중재 역할을 맡으면서 양 당사자로부터 비판보다는 칭찬을 받으려고 노력했던 편입니다. (웃음) 정말 어려운 일이지요. 그런데 한반도의 경우에는 상대적으로 이로운 점이 있습니다. 서로 다른 체제이기는 하지만 한때 같은 민족으로 살았고 하나의 역사를 공유하고 있

하나로 가는 길, 평화로 가는 길: 남과 북은 같은 역사를 공유하고 있다. 남북의 공통점을 재확인하면서 미래에 대한 논의를 시작해야 한다. 사진은 2018년 평창 동계올림픽을 계기로 평양에서 열린 남북 합동공연의 한 장면.

습니다. 하나의 언어와 문화, 유산을 같이 가지고 있습니다. 이에 대한 자부심도 있고요. 유네스코에서 활동했던 경력에 비춰보자면, 한반도의 남과 북이 함께 가지고 있는 '공동의 유산'을 지켜내면 상호 신뢰가 구축될 것입니다.

북한에 있는 고구려의 유산을 생각해보세요. 유네스코는 남쪽 정부의 지원을 받아 북쪽에서 활동한 경험이 있습니다. 제가 유네스코 사무총장으로 있을 때 '고구려 유산 전시회'도 기획하고 조직한 적이 있습니다. 남과 북 사이의 긴장이 한참 고조되던 2013년의 일이었습니다. 그때 남과 북의 유엔 주재대사와 함께 공통의 문화유산과 언어, 역사의 관점에서 이 전시회를 언급했습니다. 이런 예를 봐도 남과 북이 공통의 역사를 공유하고 있다는 것은 매우 유리한 일입니다. 지난 수십 년간 형성된 차이점도 분명 있습니다. 저는 유네스코 사무총장으로서 이런 문제를 대할 때, 분열적 요소를 보는 대신 '함께 힘을 합할 수 있는 요소'가 무엇인지를 주목하고자 했습니다. 남과 북 사이에는 공통의 요소가 하나둘이 아닐 것입니다. 이런 공통의 유산을 좋은 목적을 위해 활용해야 할 것입니다.

김민웅 교수 서로 칭찬하기, 그리고 갈라지는 것보다 함께할 수 있는 것은 뭘까, 이런 것을 찾는 노력이 소중하다는 말씀인 것 같습니다. 남과 북은 워낙 적대 관계가 오래됐고, 서로를 이해하는 것 자체가 불법이었던 시대가 있었습니다. 이런 상황을 넘어서고 극복하면서 평화의 성공 가능성을 어디서부터 찾는 것이 현실적일까요?

'차이'는 그 자체로 소중하고, 아름답다

조인원 총장 서로의 다름과 차이에서 오는 모순이나 몰이해를 극복하는 것이 중요해보입니다. 한쪽이 다른 한쪽을 제압해서 굴복시키는 것은 바람직하지 않습니다. 사실 과거에는 서로가 일방적으로 남북 문제에 접근했습니다. 남도 그랬고 북도 그랬습니다. 모두 자신을 중심으로 바라보고 제압하는 목표를 세웠습니다. 어찌 보면 자신의 절대선을 주장하면서 상대의 삶과 의식, 제도와 문화를 전혀 인정하지 않는 것이었습니다. 어느 쪽도 받아들일 수 없던 이 방식은 도리어 긴장과 갈등, 충돌을 더욱 첨예하게 했습니다. 그런 상황이 펼쳐진 지 반세기가 훌쩍 지났습니다. 분단의 슬픈 역사는 아직도 지속되고 있습니다.

이제 우리는 과거 방식으로 문제를 해결하기 어렵다는 것을 잘 압니다. 차이를 힘으로 극복하는 방법을 넘어 새 지평을 열어야 할 때입니다. 서로 교감하고 소통하고 공감의 지대를 만들어가는 일이 중요합니다. 그것은 경제, 정치의 지대일 수도 있고 의식, 문화, 가치, 철학 차원의 지대일 수도 있습니다. 말하자면 '상생과 공영의 지대'를 만들어가는 일입니다. 이를 위해 신뢰의 기반을 다지는 일입니다.

통일은 중요합니다. 하지만 통일을 지나치게 앞세우고 전체성, 획일성을 강조하는 것은 지금 단계에서 적절치 않다고 봅니다. 자칫 그것은 강제의 과정으로 이어질 수 있습니다. 배타적이고 대립적인 언어와 전략이 주도권을 잡을 수 있습니다. 그렇게 되면 또다시 깊은 수렁에 빠집니다. 예상치 못한 가공할 충돌이 발생할 수도 있습니다. 지금 필요한 것은 서로의 다름과 차이에 대한 이해의 폭을 넓히는 일입니다. 미래를 향한 공감대를 만들어가는 것입니다. 이에 관해선 남북 정치 지도자뿐만 아니라 우리 시민들의 노력도 필요합니다.

김민웅 교수 두 분 말씀 모두 공감대를 좀 더 넓히자는 결론입니다. 덧붙여서 질문을 드리고 싶습니다. 차이에 대한 이해가 이뤄지면 서로 소통이 될 수 있다고 하지만 그 차이가 이해된다고 해도 남과 북은 여전히 불편하다고 여길 수 있습니다. 그래서 함께 지내기 싫다, 이런 태도가 나올 수도 있는 겁니다. 이 "차이의 불편함"을 어떻게 대하면 좋을까요?

조인원 총장 차이는 그 자체가 소중합니다. 또 아름다운 것이라는 생각도 듭니다. 3백만 년에 이르는 인간의 진화 과정이 이를 입증했습니다. 우리는 다양했기 때문에 진화할 수 있었습니다. 우리가 그토록 원했던 민주주의도 개인적 차이를 수렴해야 한다는 '인간적 당위'로부터 비롯됐습니다. 그래서 우리는 개인의 개성과 정체성을 말합니다. 이를 중시합니다. 다시 말해 한 사람 한 사람이 고유하게 갖고 있는 차이를 창조해내야 한다는 말입니다. 문제는 차이와 차이가 만날 때 관계를 설정하는 것입니다. 차이를 지니고 있다는 것 자체가 갈등의 원인은 아니라고 봅니다.

우리가 말하는 다양성은 각자의 정체성과 개성에 대한 인정을 전제로 합니다. 그렇지 않을 경우 갈등과 대립이 발생합니다. 예를 들어 사람들이 사회주의나 자본주의 시장경제를 신처럼 모신다고 해보지요. 이 경우엔 대립과 충돌을 피하기가 쉽지 않습니다. 그렇게 생각하지 않는 사람들을 억압하고 제압하는 경향을 갖게 됩니다. 신이 될 수 없는 주의나 체제를 일방적으로 강요하는 것과 다름없습니다. 사회주의든 자본주의 시장경제든, 어느 나라나 완벽하게 한쪽 논리만을 갖고 있는 체제는 없습니다. 일정 정도 혼합이 이뤄집니다. 문제는 공감대입니다. 유연성이고, 체제의 지속가능성입니다.

공동의 규범과 가치, 규칙을 만들어나가되 개성, 다양성, 창의성을 최대한 포괄적으로 수렴하는 것이 필요합니다. 그렇게 되면 차이는 서로 적대적 관계가 아니라 창조적 관계를 이루게 됩니다. 힘의 원천이 될 수 있습니다. 결국 차이의 존재는 잘못된 것이 아닙니다. 각자가 신뢰와 존중의 가치를 지켜준다면 차이는 미래창조의 소중한 동력입니다.

김민웅 교수 대단히 중요한 이야기입니다. 차이가 도리어 창조의 기반이 될 수 있다는, 이런 관점이 만들어진다면 더없이 좋을 것입니다. 그러면 불편함을 넘는 새로운 공간, 시간, 미래가 만들어지지 않을까 생각합니다. 두 번째 세션의 마지막 질문입니다. 앞으로 남북이 서로 만나면서 해야 할 일이 상당히 많아질 것이라는 생각이 듭니다. 특히 한반도 전체의 경제 지도까지 준비하고 있습니다. 이것은 한반도에만 국한되는 것이 아니라 유라시아 전체와의 관계가 새롭게 만들어지는 매우 중요한 기반이 될 겁니다. 달리 얘기하자면 경제벨트를 넘어서서, 유라시아 전체에 하나의 '문명벨트'가 형성되는 것입니다.

하지만 우려도 있습니다. 만약 이와 같은 유라시아 문명벨트에 기존의 산업문명과 같은 모델을 적용한다면, 우리가 현재 겪고 있는 위기를 반복하거나 확대하는 것은 아닐까, 하는 겁니다. 한반도와 유라시아 전체를 엮어나갈 문명벨트가 만들어질 수 있는 절호의 기회가 왔습니다. 그렇다면 문제는 어떤 패러다임으로 우리가 원하는 희망의 근거를 만들 수 있을까 하는 것입니다. 달리 표현하자면, 지금의 문명사적 위기를 극복하기 위한 새로운 패러다임은 무엇일까라는 물음입니다. 이리나 보코바 대학장님부터 말씀해주실까요?

다자주의, 다양한 주체들이 함께 걷는 길

이리나 보코바 대학장 백만 불짜리 질문입니다. (웃음) 대단히 중요한 문제 제기라고 생각합니다. 어떤 패러다임으로 전환해야 할까요? 오늘날 우리는 역설의 시대를 살아가고 있습니다. 특히 젊은 세대에게는 기회가 무궁무진하게 펼쳐져있습니다. 과학의 발전, 기술의 발전, 통신의 발전 등 다채롭습니다. 이제 우리는 지구 반대편에서 어떤 일들이 일어나고 있는지 실시간으로 알 수 있습니다. 반면 신뢰의 결여가 존재합니다. 분쟁과 위기, 불평등이 증가하고 있습니다. 이와 같은 문제들은 국가와 지역 간에서만 일어나는 것이 아닙니다. 한 사회 안에서도 존재합니다.

유라시아 신경제 구상: 한반도의 평화와 통일은 유라시아 대륙 전체의 미래와 연관된다. 유라시아의 새로운 문명벨트 건설을 위해 기존의 개발과 성장 논리를 넘어서는 새로운 상상력이 필요하다. 사진은 시베리아 횡단열차.

한반도 문제만 보더라도 남과 북에게는 매우 의미 있는 기회가 열려 있습니다. 불평등의 증가라는 세계적인 추세와 한반도의 현실이 향후 어떻게 만나게 될지 주목됩니다. '새로운 기회' '새로운 창조적 접근' '더 나은 삶에 대한 추구'와 같은 흐름이 기대되는 것입니다.

저는 남과 북의 지도자들이 이런 흐름을 정책 수립 과정에 담아내기를 바랍니다. 지금과 같이 세계화가 진전된 상황에서는 그 어떤 사회도 고립된 채로 존속할 수는 없습니다. 그러나 앞으로 더욱 빠르게 전 세계가 하나로 통합되고 있는 상황에 들어가게 되면 여러 가지 문제가 발생할 수 있습니다. 그래서 이 과정은 매우 조심스럽게 관리돼야 합니다. 여기에서 다자주의가 필요합니다. 다양한 주체들이 하나로 어우러질 수 있는 길을 발견해내야 합니다. 그렇게 된다면 한반도의 미래는 지구적 도전 앞에서 많은 선택지를 가질 수 있을 것입니다.

김민웅 교수　동시적으로 발생하는 기회와 위기를 잘 관리해나가는 일의 중요성은 아무리 강조해도 지나치지 않을 것입니다. 이와 함께 다자주의적 접근의 필요성은 새로운 과제가 될 것 같습니다.

이번에는 학생들에게 질문을 던져보겠습니다. 한반도에 이런 변화가 일어난다면, 젊은 세대에게 엄청난 기회가 주어질 것입니다. 청년세대인 여러분들에게 무한한 도전과 실현의 공간이 생기게 될 것입니다. 여러분의 생각을 먼저 들어보고, 이어서 총장님과 말씀을 나눠보겠습니다. 여러분들은 어떤 꿈을 가지고 있나요? 또 어떤 우려를 하게 되나요? 어떤 제안을 하고 싶은가요?

박범근 학생　정치외교학과 4학년 박범근이라고 합니다. 총장님께서 분단의 현실에서 직접 경험한 것을 말씀해주셨는데요. 저희 세대 같은 경우, 북한에 대한 경험, 그러니까 윗세대가 겪었던 '공동의 경험'이 없습니다. 총장님께서는 부모세대로부터 이러한 경험을 전해 들으셨지만, 저희 같은 경우는 부모세대라 해도 북한을 경험해본 적이 없습니다. 저희가 태어나서 경험한 북한은 오로지 '적', 그리고 '이상한 독재자가 지배하는 이상한 국가'로밖에 인식이 돼있지 않습니다. 그렇기 때문에 우리는 서로를 이해하기가 더 힘들어질 것입니다. 오히려 통일이 이뤄졌을 때, 공동의 기반을 찾기보다는 다양한 사회적 갈등을 겪게 될 가능성도 있습니다. 그렇다면 더 큰 위기가 다가올 수도 있다고 생각합니다. 공동의 경험이 부재한 우리 세대가 결국 통일의 과정을 담당하게 될 텐데, 이런 세대에서도 남과 북 사이의 공동 기반을 찾는 것이 가능할지에 대해 묻고 싶습니다.

노승우 학생 안녕하세요. 저는 자율전공학과 1학년 노승우라고 합니다. 남과 북이 워낙 오랫동안 떨어져있다 보니 당사자인 저희조차 한민족이라는 것을 잊고 있었던 것 같았는데, 이를 다시 상기시켜주신 이리나 보코바 대학장님께 감사의 말씀을 드립니다. 저는 사람이나 사회를 이해하고자 할 때 그 사람을 직접 만나보거나 그 사회에서 직접 삶을 살아봐야 한다고 생각합니다. 그렇기 때문에 북한을 이해하기 위해선 먼저 북한 사람들부터 만나봐야 한다고 생각합니다.

여기서 어떤 모순 관계에 부딪히는 것 같습니다. 제가 북한을 이해하려면 북한 사람을 만나봐야 하는데 북한 사람을 만나려면 먼저 북한 사람을 이해해야 한다고 하셨잖아요. 앞뒤가 제대로 맞지 않는 것 같습니다. 순서나 상황이 현실적으로

허용되고 있는 것도 아니고요. 그렇다면 저희 같은 사람, 애초에 북한 사람을 만나본 적이 없는 사람들은 그 모순을 어떻게 극복할 수 있을까 질문을 드리고 싶습니다.

김민웅 교수 이리나 보코바 대학장님과 총장님 두 분 말씀을 듣기 전에 여기 계신 한 분에게 대답을 청해보겠습니다. 후마니타스칼리지는 이 문제를 어떻게 해결하려 합니까? 이영준 학장님? (전체 웃음)

유머, 음식…남북이 공유한 '공통감각'

이영준 학장 우리가 분단된 지 오래되긴 했지만, 김정은 위원장이 "멀다고 하믄 안 되갔구나." 이렇게 말했을 때 우리 모두 웃지 않았습니까? 이처럼 우리에게는 유머에 대한 공통감각이 있다고 봅니다. 냉면 맛에 대한 남과 북의 감각이 달라졌다 할지라도 남과 북이 냉면을 즐겨왔다는 사실 자체는 변하지 않았습니다. 우리가 서로 갖고 있는 가치가 하루아침에 바뀌진 않을 것 같아요. 외양은 조금 바뀌었겠지만 말입니다. 김정은 위원장 헤어스타일은 우리하고 상당히 다르잖아요? (전체 웃음) 헤어스타일과 같은 외양은 언제든지 금방 바뀔 수 있는 것입니다.

그러니 표면의 변화보다는 그 이면에 들어있는 가치를 생각해볼 필요가 있습니다. 사람에 대한 신뢰라든지, 인류애와 같은 것을 말이지요. 저는 남과 북이 공유하고 있는 그 이면에 기대를 걸고 있습니다. 이런 것들은 만나서 악수를 하고 어깨동무를 하고 같이 노래를 부르고 우리의 과거를 같이 얘기하면서 확인되겠죠. 지금 여러분들이 갖고 있는 생각도 서로의 내면을 확인하는 과정에서 겪게 되는 강한 충돌로 보입니다. 이런 충돌이 서로를 더욱 깊이 만나게 하는 계기가 되리라 생각합니다. 후마니타스칼리지는 그런 관점에서 '타자에 대한 이해' '환대의 의미' '공감의 힘' '연대의 가치' 등에 대해 지속적인 관심을 기울이고 있습니다.

김민웅 교수　역시, 후마니타스 칼리지 학장님이십니다. (전체 웃음)

이리나 보코바 대학장　저도 한 마디 보탤까요? 방금 이영준 학장님께서 중요한 언급을 하신 것 같습니다. 유네스코에서는 매년 아시아-태평양 지역 출신들이 모이는, 큰 규모의 만찬을 개최합니다. 여기에 참여하는 사람들은 각자 자기 나라 음식을 갖고 오는데, 종류가 무척 다양합니다. 저도 매년 그 만찬에 참석해왔습니다. 그때마다 김치를 찾았습니다. 김치는 유네스코가 주목하는 문화유산이기도 합니다. 혹시 여기 계신 여러분들께서 이런 사실을 모르셨다면, 이제 아셔야 합니다.

충돌에서 소통으로: 문명의 역사는 긴장과 갈등보다는 교류와 융합을 통해 발전해 왔다. 남북 문제 해결의 실마리도 여기서 찾을 수 있다. 사진은 유네스코 재직 시절 이리나 보코바 사무총장(사진 가운데)이 분쟁 해결을 위해 헌신하는 모습.

한국인으로서 자랑스럽게 여겨도 됩니다. (전체 웃음)

사실 김치는 우리 인류유산의 하나이기도 합니다. 지난해 11월이었을 겁니다. 제가 말한 이 만찬이 열렸을 때, 남한과 북한 코너가 따로 있었습니다. 그래서 제 절친한 친구인 대한민국 유엔대사와 함께 남한 코너에 들렀습니다. "대사님, 그런데 김치는 어디에 있나요? 먹고 싶은데요." 그러자 이분이 "잠깐만요." 하더니 북한 코너로 저를 이끄시는 거예요. 그러더니 "아, 이번에는 말이지요. 북한 사람들이 담근 김치가 맛이 훨씬 좋습니다."라고 말씀하시더군요. (전체 웃음) 바로 이런 게 선의의 경쟁이 아닐까 합니다. 남과 북 어느 쪽 김치가 더 맛있을까? 이런 식의 대화가 남과 북의 공통점을 함께 찾아가는 길이 되지 않을까요?

김민웅 교수 문명벨트를 얘기하다가 김치 이야기까지 왔습니다. 그렇습니다. 함께 나눌 수 있는 것부터 시작해야겠죠. 그런데 어떻게 함께 나눌 수 있을까요? 무엇을 함께 나눌 수 있고, 그래서 어떤 문명벨트를 만들 수 있을까요? 학생들의 고민, 질문을 담아 이야기를 풀어나가도록 해보지요.

유라시아 문명벨트, 인간과 자연이 공존하는 길 열어야

조인원 총장 사실 '문명 문제'보다 '김치'가 더 중요할 수 있습니다. (전체 웃음) 남북 문제와 관련해 저희 세대나 제 윗세대 그리고 여러분 세대가 가지고 있는 인식은 많이 다를 수 있습니다. 공감합니다. 사실 민족이나 겨레 같은 말은 그리 오래된 말이 아닙니다. 우리는 한국 사람이기도 하지만 거슬러 올라가다 보면 호모사피엔스의 후손입니다. 더 거슬러 올라갈 수도 있겠지요. 민족이라고 하는 것은 근대국가가 형성되는 과정에서 만들어진 개념입니다. 어떤 경계 안에 살다가 인위적으로 만들어진 '정치적 서사'라고도 할 수 있습니다.

저희 세대는 민족 측면에서 남북 문제에 접근했습니다. 이로부터 상대적으로 자유로운 여러분 세대는 같은 사람이라는 관점, 이웃 사람이라는 관점에서 남북 문제에 다가서야 하지 않을까 합니다. 학생들의 얘기를 들으면서 저희 세대 생각만 너무 당연시했던 것은 아닌지 반성하게 됩니다. 아무튼 우리는 같은 인간이라는 의식을 갖는 것이 중요합니다. 바로 옆에 있는 이웃은 물론이고 전 세계 사람들하고도 잘 지내야겠지요. 이런 의식과 태도가 중요하다는 말씀을 드리고 싶습니다.

문명벨트와 관련된 질문으로 돌아가겠습니다. 정부가 한반도 '신경제 구상'을 발표하면서 유라시아 벨트를 언급했던 것으로 알고 있습니다. 우리가 가진 상상의 지평이 넓어지면서 나온 담론이기도 합니다. 언론을 보니 유럽으로 이어질 수도 있겠다는 생각도 들었습니다. 부산과 목포에서 출발해 유럽까지 가는 것은 꿈같은 이야기입니다. 가슴 설레는 일입니다. 굳게 가로막혔던 비무장지대를 넘어 북녘 땅을 지나 유럽으로 이어지는 기차에 몸을 실으면 얼마나 멋질까요. 지금 관점에서 보면 기적과도 같은 일입니다. 그 길이 열린다면 유라시아는 문명적 차원에서 번영의 길을 열 수 있을 겁니다.

보코바 대학장님은 새 시대에 염두에 둬야 할 불평등의 문제와 함께 새로운 기회에 대해 말씀을 해주셨습니다. 저는 조금 다른 각도에서 말씀드리고자 합니다. 맥락에 맞지 않을 수도 있지만 우리가 처음에 제기했던 문명 문제입니다.

앞서 지구 온난화, 기후변화 문제가 생각 이상으로 시급하다고 말씀드렸습니다. 이에 대한 전문가의 견해는 더 구체적입니다. 약간의 변화가 생겨도 매우 큰 변화, 좋지 않은 변화입니다만, 인류와 지구의 운명을 바꿀 '티핑 포인트(tipping point)'[1]를 넘어서게 된다고 보는 이들도 있습니다. 지구 평균 온도 몇 도의 변화가 파국을 만들어낼지 모른다는 말입니다. 좀 더 비관적 주장을 하는 분은 앞서 말씀드렸듯이 'runaway climate change'라는 말을 씁니다. 이미 인간의 통제를 벗어나 폭주하는 기후변화의 여파가 만들어지고 있다는 뜻입니다.

물론 희망을 이어가야 합니다. 하지만 이런 국면에서 만일 유라시아 문명벨트가 종전의 산업화, 문명화 방식을 답습한다면 미래는 밝지만은 않습니다. 지난 수백 년, 산업문명, 탄소문명이 만들어낸 각종 유해 환경 물질과 이로 인한 기상이변, 빙하 유실, 농경지 파괴와 같은 지구적 현실에 또 다른 해를 더한다면 결코 바람직하지 않은 결과가 초래될 수 있습니다. 과거와 다른 방식을 지금부터 적극 찾아나서는 것이 필요합니다. 풍요와 번영의 미래를 기약하면서도 인간과 자연이 함께 공존할 수 있는 길을 열어야 합니다. 정부와 학계, 국제사회와 시민사회가 머리를 맞대야 한다고 봅니다.

김민웅 교수 문명의 위기, 지속가능한 문명의 관점에서 접근

---

1 "티핑 포인트(tipping point)"란 어떤 현상이 서서히 진행되다가 어떤 지점에서 아주 작은 요인으로도 급작스럽게 폭발적 변화를 보이는 순간을 의미한다. 이전까지는 미미한 영향력을 가진 요인이 이 지점에 이르러서는 결정적 변이점 또는 어떤 한계 지점의 단계를 만들어내는 것을 설명하는 개념이다.

하자는 말씀이시군요.

'덜 가질 수 있고 더디게 성장할 수 있다'

조인원 총장 그렇습니다. 무한 성장을 향한 정치경제적 욕망을 제어하지 못하면 위기는 인류 문명 전반으로 확산될 수 있습니다. '과도 성장'이 아닌 '적정 성장'으로 전환할 수 있는 문명 설계가 필요합니다. 성장과 소비에 대한 우리 자세도 변해야 합니다. '덜 가질 수 있고 더디게 성장할 수 있다'는 태도가 필요할지 모릅니다. 경고는 이미 오래전부터 있었습니다. 앞서 말씀드린 70년대 초 로마클럽의 〈성장의 한계〉란 보고서입니다. 지구 환경과 자원의 한계를 인식하고 적정 성장의 길을 여는 것은 여전히 중요한 과제입니다.

산업혁명이 일어나기 시작한 18세기 중엽엔 지구 인구가 약 8억 명이었습니다. 그러던 것이 1970년대 초엔 37억 명, 반세기 지난 지금은 76억 명으로 늘어났습니다. 실로 기하급수적인 증가 추세입니다. 그리고 유엔 보고서에 따르면 2050년엔 지구 인구가 100억 명에 이를 것이라고 합니다. 불과 30여 년 후에 일어날 일입니다. 급증하는 인구는 더 많은 소비와 자원, 환경파괴를 부를지 모릅니다. 말 그대로 '지구역량(환경)초과일'을 훌쩍 넘어설 수 있습니다. 늘어난 인구와 소비에 따라 '지구가 한두 개 더 필요할지 모른다'는 인구학자, 생물보존학

단 하나의 지구: 지금까지 지구가 인류의 삶을 위한 조건을 제공해줬다면, 이제는 우리 인류가 지구를 지켜야 하는 다급한 상황으로 변하고 있다. 위기를 극복하고 새로운 미래를 열어야 한다. 지구 자원과 환경은 유한하다.

자들의 말이 사실이라면 이는 상상조차 하기 싫은 일입니다.

이런 가능성과 함께 지구가 인류의 욕망, 생존과 번영에 필요한 자원과 환경을 무한정 감당할 수 없다는 경고에 다시 한 번 주목할 필요가 있습니다. 지구의 자원과 환경이 무한하고, 영원할 것이라고 믿는 것은 논리에 맞지 않습니다. 앞서 말했듯이 과학자들은 여섯 번째 멸종은 아마도 사람에 의한 것일 수 있다고 합니다. 그것이 구체적으로 언제 올지, 시간표를 제시하는 것은 큰 의미가 없습니다. 중요한 것은 우리가 지금과 같은 방식으로 문명의 길을 재촉하면 언젠가 큰 시련에 봉착한다는 점입니다.

만약 유럽까지 이어지는 철로가 놓이면 그 길에 따라 많은 지역이 활기를 띨 것입니다. 새로운 도시가 탄생할지 모릅니다. 말 그대로 신문명벨트가 만들어지는 셈이겠지요. 그 꿈의 미래를 바라보면서도 이 일이 초래할 문명사적, 인류사적 문제에 관한 깊은 성찰이 필요합니다.

산업문명의 큰 공헌 중 하나는 사람과 나라의 실익에 부합하는 효용과 편익, 풍요와 성장의 길을 연 것입니다. 그러나 그 길에 수반된 재앙의 가능성은 시간을 다투는 막중한 과제가 됐습니다. 이것이 우리가 마주한 현실입니다. 유라시아 문명벨트와 함께 상상의 나래를 펼쳐야 합니다.

김민웅 교수 네, 그렇습니다. 바로 그런 점에서도 우리 학계가 새로운 모델의 문명벨트를 위한 학문적 기초를 세우고 이를 학습의 내용으로 삼을 수 있는 교육프로그램을 추진해나갔으면 좋겠습니다.

조인원 총장 새로운 문명의 가능성에 대한 학문적 관심이 더 커져야 할 때입니다. 예전에는 기후변화, 생태환경, 더 나아가서는 재난과 세계보건과 같은 문명사적 문제를 전담하는 학문 분야가 없었습니다. 해양물리학이나 기후과학, 보존생물학, 지구행성과학, 미래학, 문명론과 같은 학문 영역은 서구에서도 30~40년 전에는 활성화되지 않았던 것으로 알고 있습니다. 최근 이런 분야가 크게 주목받고 있습니다. 그만큼 상황이 시급하고 또 전혀 다른 차원에서는 새로운 기회를 열 수 있다는 점을 말해줍니다. 문제를 극복하고 개선하고 새 미래를 열어야 한다는 학계의 의지가 반영돼있습니다.

우리 대학도 이런 방향에서 그간 노력을 기울였습니다. 하지만 아쉽게도 원활치 않았습니다. 관련 분야를 전공하는 학자들이 많지 않습니다. 전문가를 모시는 것이 쉽지 않은 상황입니다. 더 많은 관심과 노력을 함께 기울였으면 합니다.

김민웅 교수 정말 그렇게 되기를 바랍니다. 논의를 마무리하는 단계로 들이가겠습니다.

3부

교육과 문화와 정치, 평화로 가는 길

김민웅 교수 이제 결론 세션이 남았습니다. 두 분께 각기 다른 질문을 드리겠습니다. 우선 이리나 보코바 대학장님께는 교육과 문화에 대한 질문을 드릴 거고요. 총장님께는 정치와 관련된 질문을 드릴 겁니다.

이리니 보코바 대학장님, 저희가 지금까지 평화에 대한 문제, 문명에 대한 문제에 대해서 여러 가지 고민을 나눴습니다. 지금 우리가 나눈 고민들을 어떤 방식으로 교육과 문화에 담아내면 좋을까요? 문명을 바라보는 우리의 자세 또한 변화가 있어야 하지 않을까요?

이리나 보코바 대학장 우선 조인원 총장님의 말씀 감명 깊게 들었습니다. 감사합니다. 많은 생각을 하게 하고, 전략적으로도 미래를 내다보는 힘을 갖게 해주시는 견해 같습니다. 저 역시 총장님과 마찬가지로 오늘날 인류가 어떤 한계점을 통과하고 있다고 생각합니다. 우리는 지금까지와는 다른 방식으로 생각하고, 다른 행동을 해나가야 한다고 봅니다.

이와 같은 시각에서 대학처럼 규모가 큰 교육 시스템의 역할도 변화해야 합니다. 지금 우리는 사물을 인식하는 방식, 행동하는 방식, 교육하는 방식 모두를 문명적 차원에서 접근해야 하는 상황에 처해있습니다. 기후변화, 생물 다양성, 불평등과 같은 문제도 마찬가지입니다. 이제 우리가 서로 어떻게 살아가야 하느냐는 큰 질문 속에서 모든 문제를 풀어가야 합니다. 문화 다양성에 대한 대화를 인류 차원에서 이끌어나가야 하는 것이지요. 그렇지 않으면 우리는 인류사적 재앙과 직면하게 될 겁니다. 지금 우리는 선택의 기로에 서있습니다. 어떤 길을 가야할지, 답은 분명하지 않은가요? 이런 점에서 대학의 기능, 역할이 매우 중요해지고 있습니다.

치열하게 지적, 학문적 논의를 펼칠 필요가 있습니다. 그렇지 않아도 저는 어제 후마니타스칼리지가 개최한 자리에서 이 문제를 거론했습니다. 누구도 배제하지 않는 사회·경제에 대한 논의도 필요합니다. 그래야 한 사회가 건강해질 수 있습니다. 세계적 현안과도 마주해야 합니다. 이와 함께 적절한 제안을 만들고 정치적으로 풀어낼 수 있어야 한다고 봅니다.

사실 오늘날 우리는 어떤 문제도 단순하게 해결할 수 없습니다. 인류 전체로 보자면 과거와는 전혀 다른 단계로 진입하고 있는 상황입니다. 문제를 풀어내는 여러 다른 유형의 선택이 필요합니다. 아울러 정치가들이 과학적 발견과 논증, 그리고 학계의 주장에 귀를 기울일 수 있도록 해야 합니다. 반기문 전 유엔 사무총장은 몇 년 전 과학자들로 구성된 자문 기구를 설립했습니다. 이 기구는 '과학과 정책의 상호 소통'이라는 목적을 갖고 있습니다. 이런 소통을 통해 인류는 지금 어디로 가고 있는지, 평화적으로 함께 살 수 있는 길은 어디에 있는지를 인류문명의 관점에서 진지하게 논의해야 합니다.

김민웅 교수　바로 그것이 인문학의 궁극적 관심 아니겠습니까? 그렇잖아도 보코바 대학장님은 인문학의 중요성을 강조해오신 것으로 알고 있습니다. 유네스코의 활동도 그런 의미를 가지고 있는 것으로 압니다만.

이리나 보코바 대학장　그렇습니다. 안타깝게도 인문학은 교육 현장에서 외면받아왔습니다. 방치되고 있기조차 합니다. 유네스코는 '새로운 인문주의를 위한 인문학의 역할'을 강조해왔습니다. 이를 통해 인간은 미래에 대한 상상력과 통찰을 얻을 수 있기 때문입니다. 2011년인가요? 부산에서 열렸던 인문학 포럼에 저도 참석했습니다. 21세기를 향한 인류의 공동체적 역할과 연대를 강조하는 모임이었습니다. 앞으로 이런 논의의 장이 도처에서 많이 생겨났으면 좋겠습니다.

대학에서도 마찬가지입니다. 인문학적 사유는 지구시민으로서 정치적, 도덕적 선택을 할 수 있도록 도와줍니다. 이것이 결여된 고등교육이라면 우리의 미래를 더 이상 맡길 수 없습니다. 거듭 강조하고 싶습니다만, 지속가능한 발전과 교육은 함께 가야 합니다. 인류의 미래문명을 바라보는 관점과 태도가 그렇게 만들어질 것입니다. 정치인들이 이 같은 문제에 대해 더욱 관심을 기울여야 할 것입니다. 지구적 위기와 현안을 해결할 수 있는 교육의 새로운 방향과 역할을 정부와 시민이 함께 고민해야 합니다.

김민웅 교수　네, 특히 정치인들이 이러한 논의에 귀를 기울여야 한다는 점이 주목됩니다. 그런 의미에서 역시 정치 문제를 빠뜨릴 수가 없습니다. 갈등과 분쟁, 미래를 어떻게 풀어나갈 것인가에 대한 정치의 역할은 무엇일까요? 어떤 관점과 태도로 접근하는 것이 좋을까요? 무엇을 해야 하는 것일까요? 총장님 말씀을 듣고 싶습니다.

스스로를 새 정치의 주체로 인식해야

조인원 총장　저는 정치학을 공부했습니다. 정치학을 공부한다고 하면 시선이 곱지 않았습니다. 이 자리에 정치학을 전공하는 학생들도 와있을 텐데 양해 부탁드립니다. 아마도 이

촛불혁명: 시민들이 자신의 권리를 주장하는 순간부터 정치는 새로운 도전에 직면한다. 스스로를 표현하는 시민의식이 대두될 때 세계는 변화한다.

런 이유 때문이 아닐까 합니다. 'Who gets what, when and how?' 정치학도에겐 유명한 문구입니다. '누가 무엇을 언제 어떻게 쟁취할 것인가?' 어느 유명 학자의 이야기입니다만, 그것이 정치의 요체라고 많이들 생각해왔습니다.

그러나 이것이 정치의 모든 것이라면, 정치를 오직 '마키아벨리'와 '삼국지'의 눈으로 바라보는 격입니다. 권력을 쟁취하고 이를 이어가기 위해 '모든 것이 가능한 그 무엇.' 그 정치에 대한 생각과 함께 '마타도어와 술책, 세력을 구축해 수단 · 방법을 가리지 않는 것이 현실정치의 진수'라는 믿음을 만들어 왔습니다. 그런 이유에서 정치는 환영받지 못했습니다. 오랜 기간 불신을 쌓아왔습니다.

그러나 이제는 세상이 많이 변했습니다. '각성된 시민의 새로운 정치관, 정치의 세계'가 펼쳐지면서 정치의 새로운 지평에 대한 갈망이 커지고 있습니다. 더 이상 정치를 현실정치에 참여하는 사람들만의 계략과 술수, 전유물로는 보지 않으려는 경향이 커져갑니다. 정치를 실존적 삶의 가치와 표현에 연결해 인식하려는 시민의식이 커졌습니다.

이런 변화와 함께 이제 무엇을 더 해야 할까요? 두 가지 사안이 중요해보입니다. 먼저 닫힌 정치를 경계하는 일입니다. 과거의 틀에 묶인 기성 인식, 그것을 경계하고 새로운 상상과 담론의 장을 열어가는 것입니다. 특히 기후변화와 같은 인간의 실존적 기반이 위협받고 있는 상황에선 닫힌 정치, 권력 투쟁만을 위한 정치를 넘어서는 일이 중요해집니다. 근대 이후 현실정치는 과학기술의 발전과 함께 사적, 국가적 욕망과 성장의 가능성을 키우는 데 주력했습니다.

근대화를 압축한 우리 사회에선 그 경향이 더 강했습니다. 이를 통해 권력의 정당성을 마련했습니다. 그러나 그런 욕망이 아무리 현실적으로 중요하더라도, 정치의 근간인 실존의 기반과 그 지속가능성을 외면하면 우리의 현실은 위기에 처합니다. 인위적 기후변화의 위기는 땅과 바다, 대기에 의존해온 원초적 삶을 어렵게 만듭니다. 자원과 환경 문제가 발생합니다. '유한한 지구에서 무한 욕망을 꿈꾸는' 생산과 소비 체계, 그 구조적 논리는 성립될 수 없습니다. 우리에게 '거의 모든 것'을 제공하는 지구행성이 우리가 살 수 없는 곳으로 변하기 때문입니다.

다음 문제는 우리 자신 문제입니다. 우리는 스스로를 새 정치의 주체로 인식해야 합니다. 자신을 표현하고, 타자와 관계 맺고, 서로 생존과 번영의 길을 열어간다는 면에서 우리 모두는 정치인입니다. 표현과 조화와 상생의 길. 그 길을 찾아나서는 것이 시민의 길을 모색해온 이유입니다. 그 원초적 삶, 시민적 삶이 위협에 처할 때 우리는 정치에 요청해야 합니다. 그럴 때 달라진 현실과 만날 수 있습니다. 현실정치, 기성정치의 새 방향을 이끌어낼 수 있습니다. 우리가 마주한 세계의 현실, 달라진 현실은 바로 그 인식을 필요로 하고 있다고 생각합니다.

김민웅 교수 "달라진 현실"의 과제라고요? 좀 더 부연해주셨으면 합니다.

조인원 총장 이런 뜻입니다. 앞서 말씀드렸지만 지금은 '뉴노멀'이 등장한 시대입니다. 과거에는 정상적으로 보이지 않던 것이 일상이 돼갑니다. 예를 들면 서울의 여름 기온이 30도를 훌쩍 웃돌고 있습니다. 40도에 가까운 현실도 생겨났습니다. 지난해, 지지난해도 거의 비슷했습니다. 또 요즘엔 밤하늘의 별을 보려면 외진 곳으로 가야 합니다. 예전엔 서울에서도 무수히 많은 별들을 볼 수 있었습니다. 그러나 이젠 더 이상 그렇지 않습니다. 시내 불빛이 너무 강해 그럴 수도 있지만, 불을 다 끈다고 해도 과연 예전과 같을지 의문이 듭니다. 우리 하늘을 덮고 있는 스모그, 대기 오염 때문입니다.

시민성의 시작, 현실과 미래 함께 숙고하는 삶의 여정

'뉴 노멀'을 정상이 아닌 비정상으로 인식하는 것이 중요합니다. 이를 개선해내려는 노력이 중요합니다. 그렇지 않을 경우 대기 중 오염물질은 건강을 위협하는 것은 물론이고 지구온난화를 가속화할 것입니다. 인류가 감당할 수 없는 기후변화의 격변을 부추길지 모릅니다.

이런 의미에서 '뉴 노멀'을 당연시하거나 가볍게 취급하려는 정치를 경계해야 합니다. 새 정치는 성장과 경쟁을 둘러싼 권력 문제에서 실존적 삶의 문제, 지속가능한 발전 문제로 그 중심을 이동해야 합니다.

김민웅 교수　네, 바로 그 출발점에서 다시 질문을 드리겠습니다. 시민의 역할에 관한 것입니다. 정치가 이제는 권력에서 삶, 미래로 가야 된다는 말씀을 해주셨습니다. 그렇다면 시민들의 삶이 정치의 주제가 되고, 시민들이 정치의 주체가 되는 변화가 와야 되지 않을까요? 시민정치의 화법, 시민정치의 문법, 시민정치의 주제, 이런 것들도 고민이 됩니다. 앞으로 새로운 현실을 만들어내기 위해서 지금까지 했던 것과 다른 시민 차원의 담론과 화법이 있어야 할 것으로 보입니다. 그건 구체적으로 어떤 모습일까요?

조인원 총장 논의를 위해 대중과 시민을 구분하면 어떨까 합니다. 대중을, 편의상 많은 학자들이 지적하듯이, 현실이라고 일컬어지는 현실과 사유의 틀이 정한 삶의 논리를 조건 없이 따르는 삶의 표현이라 해보지요. 이 경우 우리는 자신의 성찰적 판단보다는 '대세의 흐름과 추이'를 좇는 삶의 방식을 취하게 됩니다. 산업문명, 시장문명이라는 큰 테두리 내에선, 극단적으로 표현하면 성장을 위한 성장, 부를 위한 부, 또 이를 향한 욕망과 권력을 위해 무한 경쟁에 뛰어드는 삶일 것입니다. 물론 이와 같은 삶의 길도 잘못된 것만은 아닐 수 있습니다. 또 이에 대한 단순한 도덕적 판단도 섣부른 일이 될 수 있습니다. 그러나 문제는 이런 선택이 모이고 모여 기후변화와 같은 실존적 문제가 방치된다면, 우리는 다 함께 큰 위험에 처하게 된다는 점입니다.

시민은 이와는 다른 길입니다. 생존과 번영을 위해 노력하면서도 그 삶의 공적 의미와 파장을 함께 생각합니다. 주변을 돌아보면 그런 삶을 살아가는 분들이 많습니다. 사적 욕망과 공적 가치의 조화를 이루려는 분들 말입니다. '이기'와 '이타'의

균형을 통해 '스스로 개척하는 내면의 길'을 찾아나서는 데서 시민성이 찾아질 수 있습니다.

앞서 '뉴 노멀'에 대해 말씀드린 것도 비슷한 이유에서입니다. 이 현상을 내 삶의 길과 무관하게 생각할 경우 비정상은 정상이 되고 맙니다. 그 길이 과연 어떤 미래를 초래할지, 우리에게 어떤 도움이 되는지를 묻는 자세가 중요해지는 이유입니다. 현실과 우리가 만들어갈 미래를 함께 숙고하는 삶의 여정, 그것이 '시민성의 시작'이 아닌가 합니다. '달라진 현실'은 이로부터 비롯됩니다.

김민웅 교수 '새로운 시민의 탄생'이라고 얘기할 수 있겠습니다. 이리나 보코바 대학장님에게 질문을 드리겠습니다. 총장님께 던진 질문과 다르지 않습니다. 정치에서 시민이 어떤 자세, 어떤 의식을 지녀야 할 것인가의 문제입니다. 오랫동안 지구적 차원에서 세계시민의 문제를 고민해 오셨기 때문에 같은 차원에서 답해주시면 고맙겠습니다. 인류의 미래를 위해 그려볼 수 있는 세계시민의 상, 이미지는 어떤 것일까요.

이리나 보코바 대학장 지난 20년 동안 우리는 세계 도처에서 시민사회가 출현하고, 시민 행동이 증가하는 것을 목격해 왔습니다. 그런 관점에서 보면, 민주주의의 공간이 매우 확장됐다고 말할 수 있습니다. 대단히 힘 있는 시민사회가 등장했고, 이는 우리 사회를 긍정적인 방향으로 변화시키는 데 영향을 미치고 있습니다. 기후변화 문제에 대해서도 마찬가지입니다. 과학계 또는 학계에서도 이런 영향력이 발휘되고 있습니다. 파리기후협약은 정부 차원의 협약이지만 그간 시민사회가 이뤄낸 긍정적 결과 중 하나라고도 볼 수 있습니다. 2009년 코펜하겐에서 열린 기후변화 회의는 상당한 기대를 모았지만 실패하고 말았습니다. 이때 상당수 시민들이 정부 대신 나서서 기후협약이 이뤄질 수 있도록 정치적 행동에 나선 것을 기억합니다.

시민교육이 중요하다

저는 시민을 '무엇이 문제인가 의식하는 존재'라고 생각합니다. 그래서 우리가 이 자리에서 계속 말해왔던 것처럼 교육이 매우 중요합니다. 자신의 권리에 대해 알고, 가치를 공유하면서 사회적 현안에 대해 올바로 인식하는 그런 시민을 위한 교육 말입니다. 교육이란 단지 기술적 차원의 지식을 전수하는 것만은 아닙니다. 그런 지식은 인터넷을 통해서도 충분히 입수할 수 있습니다. 교육은 기술적 지식을 포함해 우리에게 필요한 가치를 담고 있습니다. 앞으로 시민교육은 세계시민교육의 차원에서 이뤄져야 합니다. 유네스코는 지금 지속가능한 발전을 위한 '2030 아젠다 목표 4(Goal 4 of the Agenda for

Sustainable Development 2030)' 준비에 힘을 쏟고 있습니다. 제 개인적으로도 이 작업에 몰두하고 있습니다만, 이것은 사실 세계시민교육과 직결된 과제입니다.

2030 아젠다에는 배제하지 않는 교육, 질적으로 공평한 교육, 평생학습 등의 과제가 담겨 있습니다. 이런 목표는 지구 어느 곳에서도 필요한 과제입니다. 젊은 세대에게는 기회가 많습니다. 청년 세대가 이런 교육을 통해 우리가 직면한 문제를 인식하고 지구적 도전과 마주하게 된다면 바로 이것이 세계시민교육의 요체일 것입니다. 동시에 평화교육이기도 하고 인권교육이기도 합니다. 그리고 지속가능한 발전에 대한 교육이기도 하고 기후변화와 '문화 인식 능력(cultural literacy)'을 키우는 교육이기도 한 것입니다. 이와 같은 교육이 모여 이 시대가 절실히 요청하는 세계시민의 가치 체계를 만들어낼 수 있을 것입니다.

김민웅 교수　그 가치 체계를 조금 더 자세히 설명해주실 수 있을까요?

이리나 보코바 대학장　인간의 존엄성을 인식하는 인권교육이 우선이지요. 당연히 지속가능한 발전에 대한 교육이 이어집니다. 교육은 분열적 방식이 아니라 함께 살아가는 방식을 습득하는 것이기도 합니다. 젠더 평등의식도 여기에 포함됩니다. 질적으로 공평한 교육은 경제 발전과 번영에 필수적 전제입니다. 우리의 미래 교육은 지구행성을 지켜내는 노력과 생물 다양성을 존중하고 기후변화의 도전을 해결할 수 있는 역량을 함께 길러내야 합니다. 그리고 무엇보다도 지구시민으로서 상호 이해와 평화를 향한 길을 열어나가는 것이 교육의 지향점이 돼야겠지요. 넬슨 만델라[1]는 교육에 대해 이런 말을 남겼습니다. "교육은 우리가 세상을 바꾸는 데 사용할 수 있는 가장 강력한 무기다"라고 말입니다.

김민웅 교수 자세한 말씀 고맙습니다. 이리나 보코바 대학장님께서 여러 말씀 중에 '문화 인식 능력(cultural literacy)'이라는 단어를 쓰셨습니다. "서로 차이가 있고 다양한 삶의 내용을 제대로 이해하고 읽을 수 있는 능력", 이렇게 좀 길게 번역할 수 있을 것 같습니다.

그렇지 않아도 총장님께서는 시민이란 어떤 민족적 혈연관계나 역사적 관계를 넘어선 존재로 파악하셨는데, 여기서 필요한 것이 바로 문화에 대한 깊은 이해와 공감 능력이라고 봅

1 넬슨 만델라(1918-2013)는 남아프리카 공화국의 인종체제 아파르트헤이드(apartheid)에 저항, 1962년 반역죄로 체포됐다. 1964년에는 무기징역을 선고받았다. 27년의 수감 생활 후 1990년 출소한 그는 1994년 남아공 최초로 민주선거에 의해 선출된 흑인 대통령으로 1999년까지 재임했다. 흑백 인종차별을 철폐하고 보복이 아닌 화합을 통해 인류적 가치를 실현하는 데 헌신했다.

니다. 이는 세계시민으로서 매우 중요한 기본 태도일 것입니다. 바로 이런 역량을 가진 세계시민으로 성장하기 위해서 어떤 것이 필요할까 하는 질문을 드립니다. 또 지금 우리사회의 현안인 남북 문제의 미래와도 연관해서 말씀해주시지요.

국제사회 공감 자아내는 '인류 공동의 가치' 추구해야

조인원 총장　어려운 질문입니다. 이렇게 말씀드리면 어떨까 합니다. 누구나 개인의 선호에 따라 존경하는 사람이 한두 명은 있을 것입니다. 저 역시 그렇습니다. 세상에 존경할 만한 분들은 너무도 많지만, 누구나 다 알 수 있는 정치인을 예로 들어 말씀드려볼까 합니다. 이리나 보코바 대학장님이 방금 인용한 넬슨 만델라와 또 다른 한 분은 바츨라프 하벨 대통령[2]의 이야기입니다.

넬슨 만델라는 아파르트헤이트를 극복해 세계의 존경을 한 몸에 받았습니다. 문제 해결을 위한 비폭력 가치를 강조했고

2　바츨라프 하벨(1936-2011)은 체코의 작가이자 인권운동가로 파시즘과 스탈린주의 공산체제 모두를 겪는 가운데 1989년 피한방울 흘리지 않은 '벨벳 혁명'을 통해 체코의 미래를 새롭게 열었다. 1989년에서 1992년까지 체코슬로바키아의 대통령을 역임했고, 체코와 슬로바키아 분리 이후 1993년에서 2003년까지 체코 초대 대통령을 지냈다. 그는 정치가 도덕 원칙을 실현하는 과업이라는 철학과 함께, 현실정치의 이해관계를 넘어 목표를 현실에 접목시키는 '가치 정치'를 구현하는 데 헌신했다.

새로운 정치: 정치는 도덕적 가치와 분리돼야 현실성을 갖는다고 한다. 그렇다면 도덕적 가치가 사라진 정치는 인간에게 무엇을 줄 수 있을까? 넬슨 만델라(위 왼쪽)와 바츨라프 하벨(위 오른쪽)은 바로 이 질문을 던진다.

인류 보편의 가치가 무엇인지 보여주었습니다. 어렵지만 사람이 걸어가야 할 길을 밝히는 삶을 한 평생 살았습니다. 흔히 말하는 세속정치보다는 인간의 길을 중시했습니다.

하벨 대통령도 정치인 시절 현실정치보다는 시민성에 더 많은 관심을 기울였습니다. 현대 문명과 소비문명이 안고 있는 여러 구조적 문제를 비판하기도 했습니다. 극작가이자 시민운동가였고 체코의 '벨벳혁명'을 주도했습니다. 이분이 강조한 것은 도덕과 철학입니다. 이를 바탕으로 자신의 삶을 살았고 정치를 이끌었습니다. 도덕 하면 흔히 '이러저러하게 살아야 한다'는 계율을 생각하기 쉽습니다. 그러나 그가 말했던 도덕은 그게 아닙니다. 내면에서 우러나오는 의식의 표출입니다.

이로부터 비롯된 실천으로서의 도덕입니다. 하벨은 인간이 길을 찾아나서는 가운데 깊이 살펴야 할 덕목으로 '인간적 가치'에 주목했습니다. 현실적 제약이나 사유의 틀을 끊임없이 넘어서는 인간, 이웃에 손을 내밀고 세계를 호흡하는 인간, 현실의 궁극적 실재에 다가서기 위해 자기초월을 추구하는 인간을 지향했습니다.

만델라와 하벨의 이런 자세는 사실 쉽게 믿기지 않습니다. 현실 정치인이, 그것도 험난한 정치 현실의 한복판에 서있던 사람으로서 그런 생각을 과연 펼칠 수 있을지, 믿기 힘든 부분이 있습니다. 어찌 보면 엉뚱한 사람으로 생각될 수 있습니다. 현실을 모르는 사람으로도 인식될 수 있습니다. 또는 혹독한 비평가들이 말하듯이 그분들의 선택과 행동이 고도의 정치 행보로도 읽힐 수 있을지 모릅니다. 그러나 그 실체가 무엇이든 사투에 가까운 그분들의 삶은 역사 진전에 큰 궤적을 남겼습니다. 많은 사람들의 마음에 아직 깊이 남아 있습니다.

한반도의 미래와 관련해 두 분이 품었던 정치 세계는 그 의미가 적지 않습니다. 한반도의 특수한 지정학적 관점에서 주변 열강의 속내와 이해관계를 슬기롭게 대처해가는 것이 필요합니다. 그런 현실적 상황 대처를 해가면서도 한반도 운명이 열강의 시각과 입장으로 환원되는 비극은 없어야 합니다.

이를 위한 첫걸음으로 남북 모두 국제사회의 공감을 자아낼 수 있는 인류 공동의 가치를 추구하는 것이 중요합니다. 이 길은 자기 초극적인 선택을 필요로 합니다. 남이나 북이나 그런 노력을 우선시하는 것이 필요합니다. 체제와 이념, 관행적 사유의 속박을 넘어 사람의 가치, 평화의 가치, 공동 번영의 가치를 향한 열정과 노력을 키워내야 한다고 생각합니다. 그래야만 세계시민의 폭넓은 성원을 이끌어낼 수 있습니다.

남북 문제를 단지 현실정치의 틀 안에서만 바라보면 현실은 극복되기가 쉽지 않습니다. 그것이 갈등과 투쟁을 넘어선 역사의 교훈이 아닌가 합니다. 이 시대가 필요로 하는 보편 가치. 현실을 헤쳐가면서도 이를 향한 목소리가 울림을 줄 때 세계시민사회의 호응이 있으리라 봅니다. 그간 한반도 운명을 좌우했던 국내외 현실정치의 굴레로부터 벗어날 수 있는 발판이 마련될 수 있을 것입니다.

김민웅 교수 말씀을 듣나보니 마음이 벅차오릅니다. 우리의 정치가 그런 지평을 열어나갈 수 있기를 진정 바라게 됩니다. 뿐만 아니라 우리만의 문제와 우리 모두의 문제가 하나로 만나는 지점을 만들어야겠구나, 하는 생각도 듭니다. 혹 이와 관련한 철학적 논의는 없는지요.

조인원 총장 과거엔 우리를 지배하던 인식의 패러다임이 연결보다는 분리와 개체성을 강조했었습니다. 그러나 과학적 사유와 인식론이 진전을 거듭하면서 우리는 이제 세계가 서로

촘촘히 연결돼있다는 점을 잘 알게 됐습니다. 사물과 사물의 관계가 그렇고 사물과 생명, 생명과 자연 관계가 그렇습니다. 인문학은 물론이고 진화론, 양자론, 우주론의 꾸준한 진전과 발전이 그런 생각의 토대를 만드는 데 기여했습니다. 그런 점에서 인간, 사회, 세계, 자연은 떼려야 뗄 수 없는 관계의 망으로 연결돼있는 것으로 파악할 수 있습니다. 어려운 이야기이지만, 그 우주적 현상의 실재를 살피는 것이 중요해보입니다.

우리가 지금 뿜어낸 이산화탄소는 수십, 수백 년 동안 대기 중에 머문다고 합니다. 그 여파는 언젠가 우리 후손들이 감당해야 할 몫으로 남게 됩니다. 모든 것은 연결돼있다는 성현의 말씀 또한 마찬가지입니다. 수천 년 전에 남긴 이야기들이 아직 우리 뇌리에 남아 있습니다. 또 앞으로 인류 역사가 지속되는 한 그럴 것입니다. 분리보다는 연결, 그 세계와 함께 미래를 상상하고 개척하는 것이 우리에게 주어진 '인간적 숙명'이 아닐까 합니다.

김민웅 교수　네, 감사합니다. 이제 거의 마무리할 시간입니다. 여기 학생들과도 이야기할 기회를 나누고자 합니다.

박진선 학생　안녕하세요. 정치외교학과 3학년에 재학 중인 박진선이라고 합니다. 우선 이번 대담을 감사하게 잘 들었습니다. 저는 두 가지를 묻고 싶습니다. 첫 번째 세션에서 환경에 대해 얘기를 했는데, 환경 문제 같은 경우는 각 국가가 책임지기 싫어하는 것처럼 보입니다. 한국도 예외는 아닌 것 같습니다. 우리는 그간 경제 성장을 많이 이뤄낸 선진국임에도 불구하고 책임이라는 차원에서는 개발도상국으로서의 지위를 누리고 싶어 하는 입장을 내비치기도 합니다. 이처럼 많은 국가들이 환경 문제에 대해서는 책임지기를 원치 않는데, 우리가 어떻게 해야 국제사회의 참여를 이끌어낼 수 있는지 알고 싶습니다. 특히 UN은 어떤 역할을 하고 있는지요?

두 번째는 개발도상국들이 새로운 패러다임을 통해 발전해야 한다고 하셨는데 누가 그런 패러다임을 제시할 수 있을까요? 선진국들은 이미 경제성장을 이뤄냈기 때문에 패러다임을 제시할 수 있겠지만 그렇게까지 하지는 않을 것 같다는 생각이 듭니다. 또 개발도상국 경우에는 스스로 새로운 패러다임을 만들어낼 수 있는 여건이 안 된다고 생각합니다.

성열관 교수　10여 년 전부터 교육을 어떻게 할 것인가에 대해 국가 차원을 넘어 세계적 차원의 거버넌스(global governance)가 영향을 주기 시작했습니다. 그런데 총장님께서 조금 전에 말씀하신 생존의 기술 같은 것들은 OECD가 더 많이 관여하기 시작했습니다. 그러다 보니 많은 국가들이 유네스코보다는 OECD에 더 귀를 기울이곤 합니다. 이런 여건에서 OECD가 주도하는 이른바 세계적 규범이 논의되는 실정입니다.

하지만 유네스코가 내세우는 가치가 더 인간적이고 지속가능하며 세계시민에 적합한 것으로 보입니다. 이리나 보코바 대학장님에게 질문드리고 싶습니다. 저의 이런 관찰을 유네스코에서도 인지하고 있는지, 또 이와 관련해 어떤 노력을 하고 있는지 궁금합니다.

김민웅 교수 질문을 다 들으셨죠? 저희들이 약속한 시간이 거의 다 됐기 때문에 압축적으로 정리할 수 있으면 합니다. 먼저 이리나 보코바 대학장님, 말씀해주시지요.

이리나 보코바 대학장 조금 전 성열관 교수님이 주신 질문부터 말씀드리겠습니다. 유네스코는 교육에 대한 세계적 논의에서 그 지도력을 잃지 않았다고 생각합니다. 물론 OECD가 상당히 강한 주도력을 지니고 있긴 합니다. 36개국이나 되는 OECD 회원국의 역량도 역량입니다만, 사실 OECD는 고등교육 문제에 대해 언제나 깊은 관심을 쏟아왔습니다. 그래서 유네스코와 OECD는 특히 교육 분야에서 서로 손을 잡고 협력해왔다는 걸 말씀드리고 싶습니다.

OECD나 유네스코 외에도 전 세계적으로 교육 문제와 관련해 활동하는 주체들이 다양하게 존재하고 있습니다. 이는 결코 나쁜 일이 아닙니다. 오히려 좋은 일이라고 생각합니다. 누구든 자신의 공간에서 자신의 생각을 펼쳐나갈 수 있습니다.

그러나 세계적 차원의 사고라는 관점과 교육에 대한 총체적인 인식의 수준에서 본다면, 유네스코를 따라갈 조직은 없을 것이라고 생각합니다.

우리는 각 국가 차원에서 협력하고 있습니다. 유아교육부터 시작해 평생학습까지 포괄하고 있습니다. 지속가능한 발전에 대한 교육과 세계시민교육도 여기에 담겨 있습니다. 이 같은 전 지구적이고 포괄적인 교육은 유엔이라는 국제공동체의 노력과 유네스코의 주도적인 역할이 어우러져 가능한 것이라는 말씀을 드리고 싶습니다. 물론 각 나라의 사정에 따라 다른 기관을 선호할 수 있긴 하지만, 유네스코의 역할도 여전히 주목해야 할 것입니다. 그리고 OECD가 교육 문제에 나선다고 해서 그걸 문제 삼으려는 것도 아닙니다. 우리가 처한 도전은 매우 막중하고 거대합니다. 거듭 말씀드리지만 저는 누구나 이런 문제에 뛰어드는 것을 환영하는 입장입니다.

김민웅 교수 유네스코의 교육에 대한 입장이 잘 이해됐습니다. 교육의 주체가 다양해지고 그 주체 간 교류와 협력이 중요해지는 것 같습니다.

이리나 보코바 대학장 그렇지요. 영국의 총리를 지냈던 고든 브라운이 이끄는 위원회가 있는데, 저도 이 위원회에서 재정과 국제교류 분야를 맡은 적이 있습니다. 세계적인 기업 인텔도 미래기술 분야에서 상당한 역할을 하고 있습니다. 교육 분야의 주체는 이렇게 다양합니다. 이들 사이에는 경쟁보다는 함께하고자 하는 협력의 자세가 우선됩니다. 앞서 언급했던 기후변화 문제를 다루기 위해서라도 이런 노력은 대단히 중요하다고 봅니다.

기후변화에 대한 국제적 논란은 매우 뜨거웠지만, 논란의 최고 비등점은 파리기후협약 이후 일단 지나간 것으로 보입니다. 파리기후협약은 선진국이나 개발도상국 모두에게 '이제는 다른 방식의 발전 경로를 선택하지 않으면 안 된다'는 메시지를 전한 셈입니다. 사실 기후변화가 인류와 지구 전체에 끼치는 위협은 막대합니다. 인류 모두가 한배에 타고 있습니다.

'기후변화 대응 펀드' 등 개도국 지원 프로그램 필요

우리가 직면하고 있는 문제 가운데 하나는, 개도국들이 환경 파괴의 길을 가지 않으면서도 산업화를 이룰 수 있는 경로를 선택할 수 있도록 돕는 일입니다. 다른 유형의 경제 모델을 추진할 수 있도록 하는 겁니다. 여기에는 상당히 많은 재정이 요구됩니다. 김민웅 교수님이 언급했던 전 세계적인 빈부격차 문제도 이런 접근을 통해 해결하는 길을 열어야 할 것입니다. 가령 '기후변화 대응을 위한 펀드' 같은 것이 필요합니다. 개도국이 다른 모델을 통해 산업화를 추진할 수 있도록 세계은행이나 다른 기관들이 지원하는 프로그램이 필요합니다.

다행스럽게도 개도국들 중에 이미 모범을 보이는 나라가 있습니다. 모로코의 경우 세계에서 가장 큰 태양광 에너지 시스템을 구축하기 직전에 있습니다. 이 시스템이 완성되면 모로코는 자국이 사용하는 에너지의 90퍼센트를 해결할 수 있게 될 것입니다. 찾아보면 이런 예는 적지 않습니다. 또 다른 문제는 기술 이전 문제인데, 상당한 논란거리이기도 하고 문제를 풀어가는 데 장애요인이기도 합니다. 개도국들은 기술 이전을 강력히 요구하고 있지만 선진국들은 문호를 활짝 열지 않습니다. 하지만 시간이 지날수록 문호는 열릴 것으로 봅니다. 그러다 보면 파리기후협약을 실천하기 위한 여건도 크게 개선될 것으로 생각합니다.

조인원 총장　저는 우리 학생이 제기한 문제를 조금 다른 각도에서, 우리가 마주한 문명사적 현실과 관련해 말씀드리겠습니다.

국가가 부국이 되는 과정은 자원과 연료의 사용 증대를 의미합니다. 각국은 산업화, 도시화를 이루면서 더 많은 부와 더 편한 세상을 꿈꿔왔습니다. 이런 과정에 수반된 것이 욕망 증대입니다. 이로 인한 자원 남용과 포획, 생태계 파괴, 지구 온난화 같은 현상입니다. 물론 이 모든 것이 애초에 기획되고 예상된 것은 아닙니다. 경제와 산업, 문명의 동력을 키우는 과정에 노정된 의도하지 않은 결과라 할 수 있습니다. 그러나 우리는 이제 문제의 본질을 알았습니다.

산업문명은 기본적으로 '열 엔진(heat engine)'입니다. 문명이 멈추지 않고 작동되려면 연료가 필요합니다. 더 많은 생산과 소비를 위해 더 많은 자원이 필요하고 연료가 연소돼야 합니다. 과도한 자원과 연료 사용은 지구 온난화와 기후변화를 초래했습니다.

개도국은 산업화, 도시화를 이룰 권리를 갖고 있습니다. 물질적으로 풍요로운 삶을 향한 갈망과 의욕을 제어한다는 것은 이치에 맞지 않습니다. 이 점에서 어떻게 문제를 풀어낼지, 고민이 필요합니다. 과거와 같은 산업문명, 소비문명의 길은 결코 밝지만은 않은 미래를 부를 수 있습니다. 새로운 발전 패러다임이 필요합니다. 이 길을 적극적으로 찾아나서는 것, 잘사는 나라들이 개도국에 도움을 주는 일이 매우 중요해졌습니다. 한편으론 앞서 말씀드린 지구환경공학의 적용을 신중히 검토해 지구 온난화를 관리하고, 재생에너지로의 전환을 신속히 이뤄내야 합니다. 앞서 보코바 대학장님이 말씀하신 '투자기금'과 같은 제도를 만들어 개도국 에너지 조달에 도움을 주는 것도 좋은 방안이라고 봅니다.

얼마 전 작고한 스티븐 호킹 박사는 지난해 인류가 금세기 내 또 다른 지구를 찾아나설지 모른다는 전망을 남겼습니다. 극지방 연구자들은 지구 온난화와 예상보다 빠르게 진행되는 극지방 해빙을 겁내고 있습니다. 인류의 '지속발전'을 위해 평생을 바쳐온 환경과학계의 거목 레스터 브라운[3]은 지금은 "전시와 같은 속도(wartime speed)"의 지구적 대응이 필요한 때라고 말합니다.

인류가 또 다른 지구를 찾아나설지, 아니면 지구를 함께 보존해나갈지, 깊은 논의와 토론이 필요한 때입니다. 인류와 문명의 미래가 우리에게 달려있기 때문입니다.

김민웅 교수 참 어렵고 난처한 상황입니다. 산업화는 삶의 질을 위해 역사적으로 필요한 과정이기도 했습니다. 그 혜택과 폐해를 함께 인지하고 동시에 극복해야만 하는 난제 앞에 서있는 기분입니다. 각자의 처지에 따라 우선순위나 방법이 다를 수밖에 없는데 말입니다.

조인원 총장 이 문제는 과학의 큰 주제이기도 하고 정치의 큰 주제이기도 합니다. 산업화의 기회와 폐해를 다룬다는 것은 과학 못지않게 정치적 결정이 뒤따르기 때문입니다. 정치

---

3 레스터 브라운(Lester Brown, 1934~)은 미국의 세계적인 환경분석학자로 지구환경의 현실을 조사하고 지속가능한 발전을 도모하는 워싱턴 D.C. 소재 "월드 워치 인스티튜트(World Watch Institute)", "지구 정책 인스티튜트(Earth Policy Institute)"의 창립자이다. 그의 최근 저서로는 〈위대한 전환: 화석연료로부터 태양, 풍력 에너지의 길로 The Great Transition: Shifting from Fossil Fuels to Solar and Wind Energy〉가 있다.

적 결정은 경제 성장과 환경의 안위가 조화를 이루는 방식에 관한 합의 도출을 필요로 합니다. 우선순위를 어디에 둘 것인지. 앞서도 언급했지만, 상황 인식에 따라 달라질 수 있습니다. 생존과 성장이 절실하다고 판단하면 산업화에 무게가 실릴 것이고, 환경과 기후 재난이 심각한 상황에선 이에 따른 판단이 우선시될 것입니다. 물론 가장 좋은 방법은 항상 둘 사이의 균형점을 찾아내는 일입니다.

문제는 '합리적 판단'을 흐리게 하는 사유방식에 있습니다. 또 이에 얽힌 기성사회, 현실정치의 복잡한 이해관계에 있습니다. 이로 인해 실상이 있는 그대로 세상에 전달되지 않는다는 점입니다. 현대사회를 지배해온 '돈과 힘'의 구조, '삶과 가치'의 구조, 이 구조적 역학에 관한 새로운 성찰이 절실한 때입니다.

김민웅 교수 결국 오늘날 세계 전체가 살아가고 있는 체제의 핵심으로 들어가야 할 것 같습니다. 문명의 미래를 고민하는 인식, 현실을 유지시키고 있는 각종 요소들에 대한 이해, 그리고 무엇보다도 산업문명에 뿌리를 둔 자본주의가 지구적으로 지탱되고 있는 현실과 우리의 삶, 의식의 관계도 더 깊게 들여다봐야겠다는 생각이 듭니다. 좀 더 시간이 있으면 얼마나 좋을까 하는 생각이 들 정도로 깊고 아쉬운 시간이었습니다. 이제 마무리 말씀을 부탁드려야 할 시간입니다.

'미래의 현실'은 우리에게 달렸다

이리나 보코바 대학장 학생들, 젊은 세대의 이야기를 좀 더 들을 수 있는 시간이 있었으면 하는 아쉬움이 있습니다. 이런 대화는 매우 중요하지만 어렵기도 합니다. 그러나 문제가 어렵다고 해서 포기하지 않았으면 합니다. 저는 여러분들이 보다 더 적극적으로 이런 문제에 대해 논의하고 고민했으면 합니다. 우리가 직면한 도전은 상당히 거대합니다.

그래서 그 대책을 마련하는 데 더 많은 시간이 필요할지도 모릅니다. 젊은 세대가 함께하지 않으면 풀어낼 수 없을 것입니다. 더 풍요로운 한반도의 미래를 향해 가는 것도 마찬가지 아닐까요? 공정하고 평등하며 안전한 지구의 미래도 다르지 않습니다. 지구행성의 생태계를 우리가 지켜내면서 만들어가는 미래가 됐으면 좋겠습니다.

우리는 이미 과거와 매우 다른 단계에 진입하고 있습니다. 이런 점에서 새로운 패러다임이 절실하다는 조인원 총장님의 말씀에 전적으로 동의합니다. 뭔가 다른 것이 오고 있다는 것은 분명합니다. 다른 차원으로 이동하는 중차대한 시대에 우리는 살고 있습니다. 역사적 대전환기입니다. 우리가 지금 어떤 역할을 하느냐에 따라 인류의 미래가 결정될 것입니다. 여러분들과 앞으로도 더 많은 기회를 통해 이런 논의를 계속하면서 답을 찾아나서고 싶습니다.

상상력이 필요하다. 지혜가 필요하다. 인간과 사회, 문명과 자연을 향한 '전일적' 사유와 함께 미래를 내다보면서 '미래의 현실'을 함께 만들어 가야 할 때다.

조인원 총장 우리 학생들, 자리를 함께하신 분들 그리고 존경하는 보코바 대학장님과 문제의식을 함께 공유할 수 있어서 참 유익한 시간이었습니다. 미래를 향한 소망의 지평을 서로 발견하려고 노력했던 자리였던 것 같습니다. 그런데 또 다른 편으론 무거운 마음도 듭니다.

'Business as Usual'이라는 말이 있습니다. '늘 해왔던 대로 생각하고 행동하는 것'을 말합니다. 'Politics as Usual'이란 말도 생각해볼 수 있습니다. '늘 봐왔던 정치' '정치는 으레 그런 것'이란 말로 이해할 수 있을 것 같습니다. 둘 다 과거의 관행과 틀에 친숙한 의식과 행동거지를 가리킵니다.

우리가 지금 마주한 오늘은 과거와 다릅니다. 미래는 지금과 더 크게 달라질 수 있습니다. 특히 미래세대가 살아가야 할 미래, '큰 전환의 시대'는 양면성을 지닙니다. 놀라운 과학기술의 발전과 함께 '4차 산업혁명'의 낙관적 미래가 논의되는 가운데 '문명의 붕괴' '여섯 번째 대멸종'이란 화두가 고개를 들고 있습니다. 이 둘 모두 인류가 그간 한번도 경험해보지 못한 미래의 가능성입니다. 상상력이 필요합니다. 지혜가 필요합니다. 미래를 내다보면서 '미래의 현실'을 함께 만들어가는 것이 그 어느 때보다 중요해졌습니다. 이런 노력에 인간과 사회, 문명과 자연을 향한 '전일적(holistic)'[4] 사유가 늘 함께했으면 하는

4 부분은 그 부분 자체가 아니라 전체의 관점에서 인식할 때 비로소 이해될

바람입니다. 고맙습니다.

김민웅 교수　네, 조인원 총장님, 이리나 보코바 대학장님 두 분 감사합니다. 인류의 미래라는 거대한 이야기 속에 일상적 삶이 직면한 위기가 공존하고 있습니다. 한반도의 평화도 여전히 단순하지 않은 여정을 밟고 있습니다. 숙제는 많고 풀어나갈 힘은 더욱 길러야 하는 상황입니다. 지구의 운명은 결국 우리 손에 달려있다는 깨달음, 그걸 위한 인식의 전환과 실천이 절실해집니다. 고등교육 기관으로서의 대학의 임무도 더욱 본질적인 전환이 필요한 시대입니다.

저희들의 이야기는 오늘로 끝나지 않을 겁니다. 보다 진전된 이야기를 앞으로도 계속 만들어갈 수 있으면 얼마나 좋을까 하는 생각이 듭니다. 오늘 나누었던 "지구의 운명: 평화로 가는 길"에 대한 논의가 오는 9월 세계평화의 날 기념 학술회의에서 더욱 심화, 확대되리라고 봅니다. 우리 모두 아주 귀한 시간 가졌습니다. 두 분께 다시 한번 큰 박수 부탁드립니다. 감사합니다. 안녕히 돌아가십시오.

수 있다. 부분은 서로 깊이 연결돼 전체를 이루고 전체는 부분의 총합을 항상 넘어선다. 이와 같은 전일적 관점은 지구상 그 어떤 것도 홀로 있는 것이 없고, 우주 전체의 관계 속에 존재하며, 부분은 전체의 의미를 구현하는 가치를 지닌 것으로 파악한다.

지구의 운명
평화로 가는 길

초판1쇄 발행　2018년 9월 17일
초판2쇄 발행　2018년 9월 28일

지은이　이리나 보코바, 조인원 외
펴낸이　조인원
펴낸곳　경희대학교 출판문화원

주소　서울시 동대문구 경희대로 26
전화　02-961-0106~8, 팩스 02-961-0291
설립　1960년 9월 16일 제5-8호
등록　1977년 11월 8일 제6-5호
홈페이지　www.khupress.com
전자우편　press@khu.ac.kr

ISBN 978-89-8222-576-5 (03040)